19

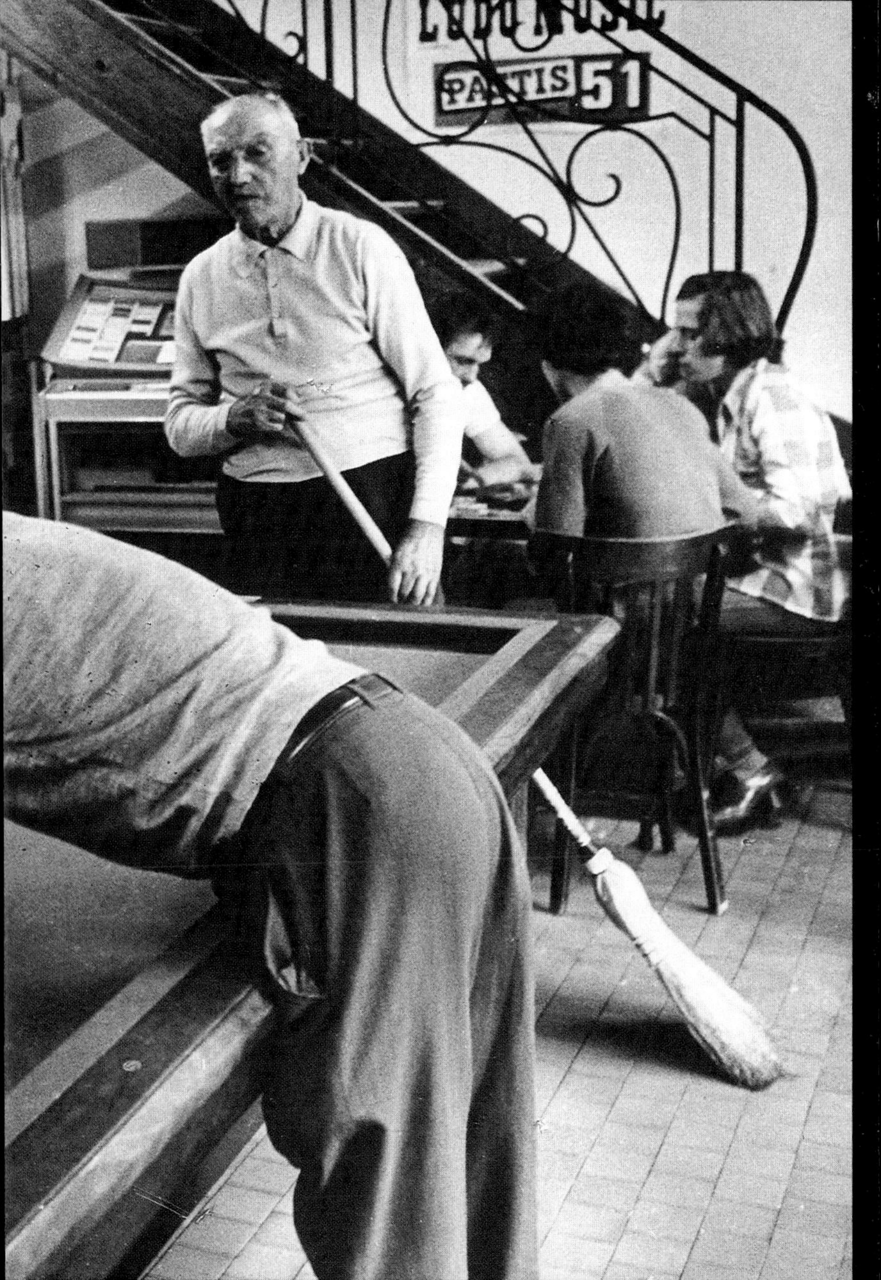
PASTIS 51

Robert Albouker est né en 1954 au Caire. Après des études de philosophie et de linguistique, il a été élève de l'Ecole des hautes études en sciences sociales (E.H.E.S.S.). Il est actuellement consultant en communication, également auteur de scénarios de films d'entreprises et journaliste. Passionné par l'histoire des mentalités et les systèmes de représentation visuelle, joueur infatigable de billard, mais aussi d'échecs et de go, il conduit depuis1985 une recherche sur les correspondances entre la représentation de l'espace dans les jeux et la forme des relations sociales.

A Béatrice

Dépôt légal : janvier 1993
Numéro d'édition : 54205
ISBN : 2-07-053180-5
Imprimerie Kapp Lahure Jombart, à Evreux

AUTOUR DU BILLARD

Robert Albouker

DÉCOUVERTES GALLIMARD
SPORTS ET JEUX

Le jeu de billard est issu d'un ensemble de jeux de force et d'adresse traditionnels : jeux de balle, de boule et de crosse, joués au sol, qui laissent leurs premières traces dans des lettres judiciaires du XIVe siècle. L'analyse de ces documents fait apparaître deux manières de se servir de la crosse : jeux où on se dispute corps à corps une balle ou une boule – de type hockey –; jeux à tour de rôle où chaque joueur dispose d'une boule – de type croquet et golf. Cette dernière forme de jeu produit le jeu de billard au sol, ou «jeu de la bille», puis le jeu sur table.

CHAPITRE PREMIER
CROSSES ET «BILLARTS»

En 1429, Isabeau de Bavière (à droite), reine douairière du royaume de France, écrit à sa fille Catherine d'York, reine d'Angleterre : «Paris est occupé par vos armées et dans la cour de ma ménagerie en l'Hostel Saint-Pol vos Anglois jouent au billard. Avecque des bâtons ils poussent des boules dessous de petits arcels.»

La «chôle à la crosse»

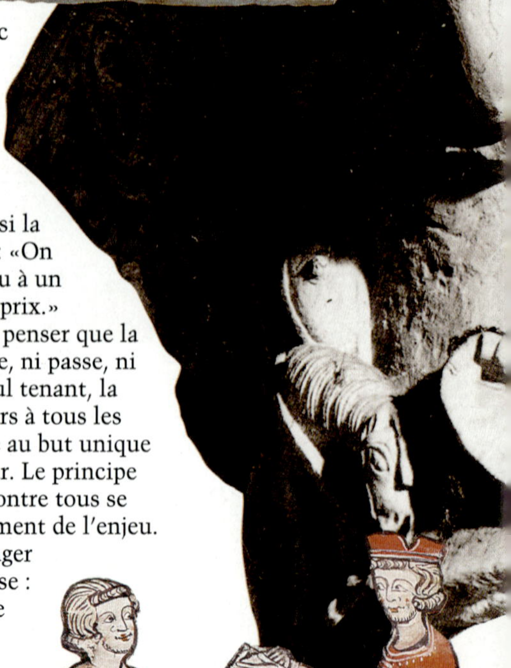

En 1387, en Picardie, Willardin Hamart joue «en compagnie de plusieurs autres jeunes gens» une partie de «chôle à la crosse». Jouée au pied, à la main ou avec la crosse, le principe de la chôle (ou soule) du Moyen Age reste le même : les joueurs se disputent la possession d'une balle (type football, rugby, hockey). Un document de 1450 exprime ainsi la manière dont se déroule le jeu : «On porte la chôle [la balle] d'un lieu à un autre... qui mieux la porte a le prix.»

D'autres documents laissent penser que la chôle ne connaît ni jeu d'équipe, ni passe, ni «but» proprement dit. D'un seul tenant, la partie oppose chacun des joueurs à tous les autres et s'achève par une mise au but unique qui dégage un unique vainqueur. Le principe inégal de l'affrontement à un contre tous se retrouve au niveau de l'engagement de l'enjeu. Il appartient au seigneur d'engager à sa convenance une récompense : exemption d'un impôt ou d'une corvée consentie sur son droit seigneurial.

Le fait que l'enjeu (le prix) soit engagé par le seigneur et non par les joueurs a pour fonction d'inscrire le résultat de la partie dans l'ordre social existant. En recevant l'enjeu des mains du seigneur, le vainqueur de la soule lui rétrocède symboliquement l'avantage que sa

force lui a obtenu sur ses compagnons. Le jeu une fois terminé, le pacte féodal fondé sur le «je te protège, tu me sers» se trouve ainsi reconduit : l'autorité acquise au cours du jeu par l'exercice du droit du plus fort retourne comme il se doit entre les mains du seigneur; le vainqueur recevant en échange le titre de «roi» de la soule, qui lui rend, sous l'autorité seigneuriale, l'avantage acquis sur ses compères.

Un nouveau jeu de crosse

Une tout autre manière de jouer à la crosse apparaît à la fin du Moyen Age. En 1426, ce sont des villageois du Bazadais, dans le pays poitevin, qui engagent un

Prolongement du bras et de la main, symbole de la force instrumentale, compagnon du berger et du voyageur, le bâton trouve dans le jeu humain un emploi naturel. Un bas-relief du Ve siècle av. J.-C. exposé au Musée archéologique d'Athènes (en haut à gauche) montre déjà de jeunes Grecs qui se disputent une boule avec un bâton recourbé. Cependant, hormis un jeu de type «polo» joué par des cavaliers dans la Byzance du VIe siècle de notre ère, le jeu de crosse (ici représenté sur un chapiteau de l'église d'Airvault, dans les Deux-Sèvres) ne réapparaît en Europe qu'à partir du XIIIe siècle, pour ne plus cesser de prendre de l'importance.

Crosse en main, seul face à la balle, le joueur de crosse du *Livre des propriétés des choses* de Barthélemy l'Anglais (XVe siècle) illustre bien le tête-à-tête entre l'objet à conquérir et le joueur, qui est au principe de la soule à la crosse du Moyen Age. La solitude du personnage représenté ici souligne qu'au-delà des situations de jeu à la main ou au pied, où la dispute de la balle conduisait seulement à des successions de mêlées générales et de courses-poursuites après l'échappée d'un joueur, l'utilisation d'un levier mécanique en prolongement du bras produit une situation de jeu nouvelle. Il ne suffit plus d'être le plus fort au moment de conquérir la balle, il faut aussi savoir l'exploiter et montrer ses capacités à se servir de la crosse. Avec un corollaire : plus puissantes et donc plus dangereuses que les frappes avec la main ou le pied, les frappes avec la crosse engendrent une première convention entre les joueurs. Obligation est faite de toujours frapper la balle vers l'avant. Résultat, l'espace indéfini où se déroulaient les anciennes soules cède la place à un espace de jeu orienté qui prend consistance en tant que parcours.

pari sur celui qui «atteindra au village voisin avec le moins de coups de la bôle de bois». Bien que tardive – le premier document mentionnant un jeu de crosse à tour de rôle remonte à 1319 –, cette partie dévoile une forme primitive de la nouvelle façon de jouer. A la manière des coups de dégagement en avant de la soule à la crosse, il s'agit d'aligner une série de coups de crosse puissants, afin de couvrir en un minimum de coups la plus grande étendue de terrain.

Le jeu contre le but

Un document de 1416 livre une partie jouée à Châteaudun suivant une conception nettement plus élaborée : le jeu se fait «contre une verge de bois fichée en terre qu'on appelle au pays le turet». Verge ou turet, il s'agit manifestement d'un objet qui sert de but. But qui devient dans cette forme de jeu un accessoire à part entière. Au même titre que la boule ou la crosse dont dispose chaque joueur. Non plus un lieu-dit ou un élément de l'espace naturel – mur, arbre ou borne marquant une limite à franchir –, mais un objet conventionnel placé en un point précis qu'il faut atteindre. La nature du jeu change. Devenu un accessoire qui se détache nettement du terrain, le but enregistre les événements. Un joueur l'a-t-il touché ? Le but est renversé. L'a-t-il approché ? Il est possible de mesurer la distance entre la boule et le but et de

comparer avec les performances des adversaires. Il ne s'agit plus d'aligner des coups en force pour franchir une limite aussi vague que «le village voisin», mais de varier des coups d'approche et des coups de finition : mise en position favorable et tir au but.

Un jeu libre et égal

A l'opposé de l'inégalité de principe au fondement des jeux de balle du Moyen Age, les jeux à tour de rôle du type golf, croquet et billard au sol instaurent une égalité de fait entre les joueurs.

A ce nouvel art de jouer correspond une autre manière de faire fonctionner l'enjeu. Une fois la partie achevée par un vainqueur et un vaincu, il n'appartient plus au seigneur de racheter l'avantage obtenu par l'un de ses serfs contre tous les autres. Jouée entre hommes libres qui consentent d'un

En opposition avec l'isolement dans l'espace du joueur de crosse, seul contre tous, l'échange de gestes, et peut-être de paroles, entre les deux joueurs de billard au sol représentés sur ce livre d'heures flamand du XVe siècle indique assez bien la restauration du rapport entre individus promue par le nouvel art de jouer à tour de rôle contre un but.

commun accord de l'enjeu, la partie s'achève désormais par la restauration de la situation initiale; les joueurs se retrouvant libres et égaux en droit. Il suffit pour cela que l'enjeu convenu soit remis au gagnant.

Corrélativement, l'espace ouvert à tout vent, où se déroulait la course-poursuite qui fait toute la partie de soule, s'organise. Il laisse place à un parcours ordonné, où le mouvement des boules produit par chaque coup peut être comparé avec les coups adverses. L'adresse, c'est-à-dire une force domptée et mesurable, se substituant ici à la démonstration de la force brute qui soldait le cours indifférencié des jeux liés au servage.

Affrontement direct et indirect

Les jeux de crosse à tour de rôle abandonnent l'affrontement direct pour la possession de la balle, au profit d'une compétition indirecte contre un objet, équivalant à une cible, c'est-à-dire au substitut symbolique d'un tiers, extérieur au cercle des joueurs, contre lequel ils rivalisent en comparant et en classant leurs performances.

Dans cette forme de jeu, la violence est canalisée et dérivée. Il ne s'agit plus de s'affronter entre membres d'un même groupe, mais de se mesurer contre un adversaire commun. Cette mutation dans la manière de jouer apparaît au cours d'une période où le simple affrontement entre les hommes dans un combat corps à corps (direct) est supplanté par des méthodes de combat à distance (indirect) qui doivent tout aux règles et à la discipline de la guerre.

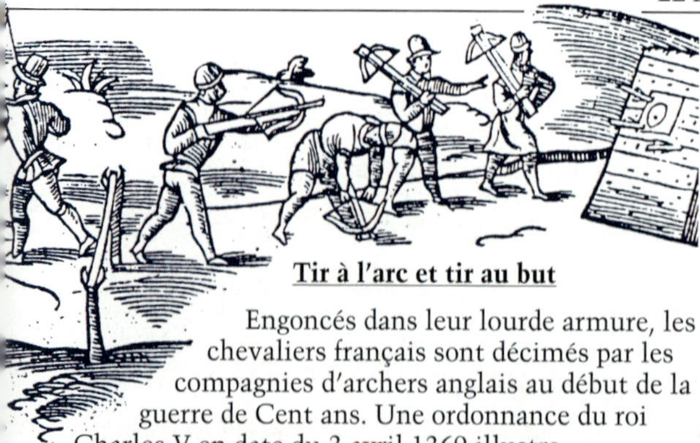

Tir à l'arc et tir au but

Engoncés dans leur lourde armure, les chevaliers français sont décimés par les compagnies d'archers anglais au début de la guerre de Cent ans. Une ordonnance du roi Charles V en date du 3 avril 1369 illustre l'importance que revêt la nouvelle manière de combattre. Cet édit condamne d'abord et pêle-mêle les jeux de force, d'adresse et de hasard. Jusqu'ici, rien de nouveau. Les famines, les grandes pestes qui font cortège à la guerre ont marqué profondément la fin du XIVe siècle. Par contrecoup, le monde qui en ressort s'adonne aux jeux et aux pratiques sociales qui les entourent (enjeux, paris, et consommation de boissons alcoolisées en manière de contreparties), avec un extraordinaire engouement qui entraîne son lot d'édits et d'ordonnances de condamnation.

Mais l'ordonnance de Charles V poursuit dans une autre direction : «et ordonnons que nos dits sujets prennent, et entendent à prendre, leurs jeux et ébattements à s'exercer et habiliter en fait de tir à l'arc et à l'arbalète». L'objet n'est plus seulement d'interdire des jeux de nature à troubler un ordre public moribond. Il s'agit de promouvoir un exercice physique qui prépare au maniement de l'arme clé des combats à venir, les bonnes villes de France se voyant invitées à financer les compagnies d'archers qui doivent assurer leur défense, comme elles ont donné la victoire aux Anglais, à Crécy et à Azincourt.

Le «butte» ou but, de l'ancien scandinave «butr», désigne au XIIe siècle une souche de bois que les descendants normands des Vikings utilisaient pour cible lors de leurs jeux de tir à l'arc. Le mot entre dans le vocabulaire français au cours de la guerre de Cent Ans avec l'extension à l'ensemble du champ de bataille des méthodes qui ont assuré le succès des archers anglais lors des combats. Manants, mais combattants pour une solde en hommes libres, ces derniers avancent en compagnies ordonnées. Leur organisation hiérarchique se trouvant puissamment soutenue par le droit consenti à chacun de faire valoir ses capacités lors des concours de tirs à la base de l'entraînement militaire.

Cette ordonnance (ainsi que celles qui la précèdent et la suivent) n'a pas d'incidence réelle sur le comportement des joueurs. Elle signale en revanche une prolifération générale des confréries d'archers et d'arbalétriers. Les documents du XIVe siècle attestent que rencontres et concours de tir à l'arc se multiplient dans le royaume. Rendant familière aux Français l'organisation propre à ces jeux : lancers à tour de rôle et tirs sur une cible qui porte précisément le nom de «butte». Exactement analogue au but tel qu'on le retrouve dans les premières formes des jeux de crosse à tour de rôle dont le billard est issu.

La crosse et le «billart»

Sur une miniature d'environ 1450 appartenant au *Livre d'heures de la duchesse de Bourgogne,* on peut voir en illustration du calendrier de février différents groupes de joueurs de crosse qui se succèdent sur un parcours de jeu. Devant chaque groupe, un «turet» fiché en terre indique que le jeu se fait contre un but. Certains joueurs portent un bâton de jeu recourbé que l'on peut appeler une crosse. D'autres ont un instrument plus élaboré, fait d'une tige de bois longue et mince, emmanchée dans une masse également en bois en forme de parallélépipède.

D'un seul tenant, le bâton recourbé est adapté pour les coups de dégagement ou d'approche en force. Le second instrument, fait de deux pièces ajointées, plus fragile, paraît conçu pour le jeu en finesse et l'ajustement des coups au but. Il porte le nom de «billart», dans différents documents de la fin du XIVe siècle.

Grande boule et courte boule

Le XVe siècle distingue deux formes de jeux où intervient le billart : la «grande boule», jouée à travers champs, ou sur des espaces partiellement délimités qui nécessitent des instruments divers adaptés aux différentes phases du parcours ; la «courte boule», où les joueurs utilisent seulement le billart pour enchaîner une série de coups précis sur un terrain de jeu délimité et réduit à la zone du but. Cette dernière forme donne finalement le jeu de billard au sol.

Les parties soigneusement ordonnées montrées sur les miniatures du XVe siècle (ci-contre, le *Livre d'heures de la duchesse de Bourgogne*), les groupes empruntant courtoisement les uns après les autres les segments successifs d'un même parcours appartiennent-ils au rêve ou ont-ils eu des modèles dans la réalité? On rapporte en tout cas qu'ayant pris la ville de Gand et forcé de la punir après un long siège, Charles Quint refusa que les arbres centenaires qui ornaient le «boulevert» où se tenaient les jeux de boules soient détruits. Ces «bouleverts» ou jeux de boules, qui sont nos boulevards, inaugurent juste avant les jardins de la Renaissance l'art de la promenade moderne.

Une règle qui existe peut-être déjà dans les jeux de grande boule prend une importance essentielle dans ceux de courte boule. Comme le relate un document de 1495, il est loisible à celui qui joue d'imprimer à sa boule un mouvement qui déplace la boule de l'adversaire. Dès lors, les joueurs sont appelés à définir leur stratégie à chaque coup. Jouer la verge et la renverser ? Ou chasser la boule de l'adversaire et retarder son parcours vers le but ?

Vers un parcours lisible et conventionnel

Un document de 1394 mentionne un joueur «qui gecta sa bille contre la butée, d'icellui jeu». Comme le jeu continue, cette «bille» a manifestement rebondi contre une limite du terrain de jeu, la «butée», probablement matérialisée par une planche de bois. Outre cette butée, qui montre que le jeu par la bande ou «jeu à la bricole» existe dès la fin

du XIVe siècle, d'autres documents mentionnent un même accessoire en forme de *U* renversé sous lequel le passage est obligatoire avant de tirer au but. En 1382, il s'agit de «boulettes de bois à faire passer par une portelette». En 1385, une lettre cite le comportement d'un joueur obstiné à ignorer «l'arceau» : alors qu'il lui appartient d'y faire passer sa boule, «comme le jeu le requerrait» ! En 1460, on parle de «boules à passer par un archelet».

Portelette, arceau ou archelet, c'est un obstacle à franchir avant de tirer au but, analogue aux difficultés du terrain rencontrées sur les parcours de jeu en espace ouvert. Ajouté aux bandes et au but, il achève la création d'un espace de jeu où chaque accessoire concourt au montage d'un substitut conventionnel de l'espace naturel.

Ce nouvel espace s'offre de part en part à la vision. Celle des joueurs, comme celle de la «galerie» qui assiste au déroulement du jeu. Toujours lisible, voire mesurable, il est parfaitement adapté à l'application de règles.

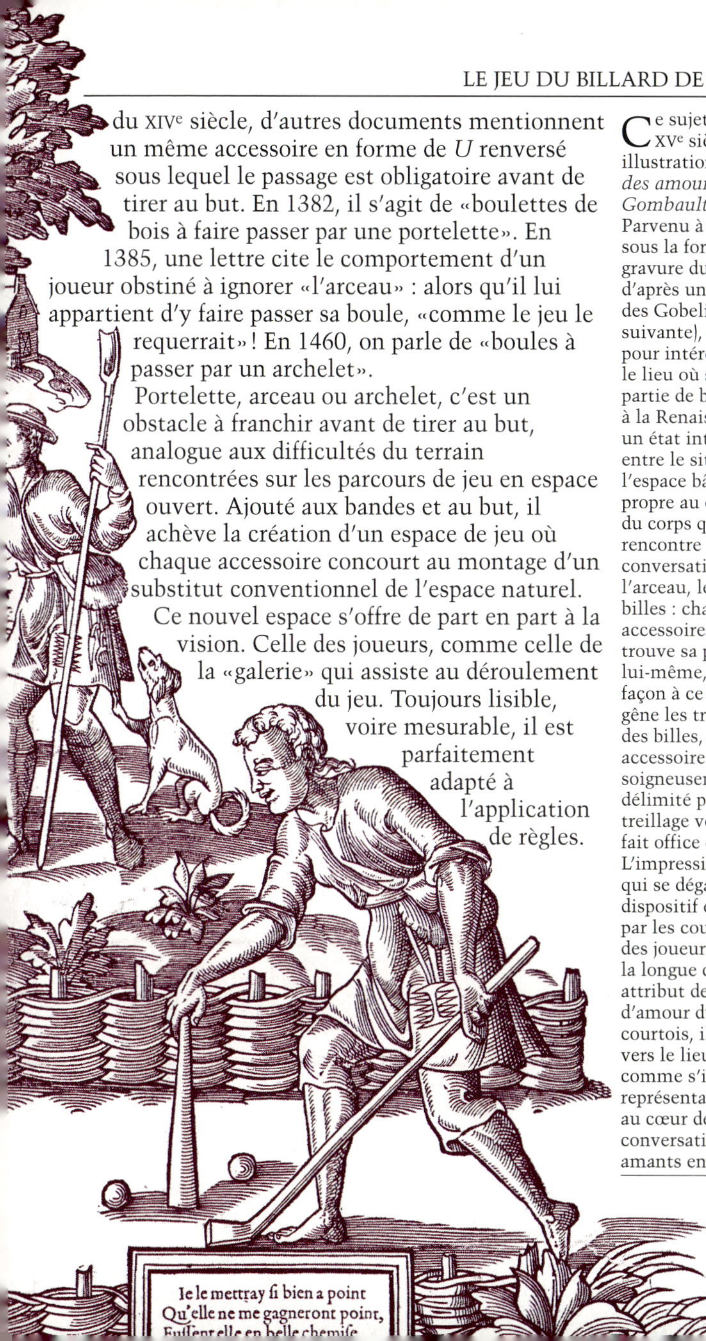

Ce sujet de la fin du XVe siècle est une illustration du *Livre des amours de Gombault et Macée.* Parvenu à notre époque sous la forme d'une gravure du XVIIe siècle, d'après une tapisserie des Gobelins (page suivante), il a d'abord pour intérêt de figurer le lieu où se déroule la partie de billard au sol à la Renaissance, dans un état intermédiaire entre le site naturel et l'espace bâti : aussi propre au délassement du corps qu'à la rencontre et à la conversation. Le but, l'arceau, les billarts, les billes : chacun des accessoires de la partie trouve sa place. Le sol lui-même, égalisé de façon à ce que rien ne gêne les trajectoires des billes, devient un accessoire soigneusement délimité par un treillage végétal qui fait office de bandes. L'impression de civilité qui se dégage de ce dispositif est renforcée par les couples autour des joueurs. Munis de la longue canne, attribut des pèlerins d'amour du roman courtois, ils convergent vers le lieu du jeu comme s'il s'y représentait ce qui est au cœur des conversations que les amants entretiennent.

TANDIS QVE IE TE TROVVE A MON AISE
IL EST FORCE QVE IE TE BAISE
MARGOT A LOMBRE DV BVISSON
IE TE PRIE MON AMY IACQVET
FAIT TRESBIEN DRESSER LE TICQVET
AVANT QVE FRAPER DES BILLETTES
IL NEST CHOSE QVE TANT ME PLAISE
CAR VN BAISER GRAND DE VIL AY AISE
QVANT CEST DVN BEAV IEVNE GARSON

Si le dialogue entre les joueurs qui est ici figuré en encadré semble encore appartenir au vocabulaire de la guerre, s'il s'agit toujours d'«entreprendre», de «gagner» ou de se retrouver «penaud»; tout indique que, y compris dans les discours qu'elle suscite, la partie de billard entre Gombault et Macée utilise la métaphore de la guerre pour déjouer les tentations de l'amour. Dès lors, c'est tout le vocabulaire du jeu qui subit un glissement de sens. Le but/cible cesse d'être un autre indéterminé, un quelconque adversaire, pour représenter ce quelque chose qui fait toute la différence entre l'homme et la femme et que l'un veut obtenir de l'autre. Un homme et une femme s'affrontent-ils au billard? L'un cherche à atteindre ce que la seconde défend. S'agit-il de deux hommes? Ils rivalisent pour atteindre le premier au but. Dans les deux cas, le jeu de billard tel qu'il est réfléchi dans les termes courtois de la Renaissance est devenu une mise en scène du combat amoureux.

En 1469, l'ébéniste Jehan de Vigne bâtit la première table de billard ayant laissé une trace. Le mémoire en couvrant les frais figure comme suit dans le registre des comptes de la maison de Louis XI : «Avoir fait de neuf une table de billart, de huit pieds de long, quatre de lé et deux pieds et demi de haut, pour icelle ont été débitées vingt-deux solives de couche et douze solives debout équarries et boujonnées, une dalle de pierre d'Eu lissée, un arceau de fer piqué dans la pierre, quatre aunes de drap d'Elbœuf, avec équerres de fer, crampons et clous.»

CHAPITRE II
DU SOL À LA TABLE

La table de Louis XI fut-elle la première? Ou bien s'agit-il d'un objet fantastique et luxueux dont il aurait ramené les plans de ses voyages dans les Flandres? On sait seulement qu'aucune table aussi ancienne n'apparaît dans d'autres documents. (A gauche, une table d'époque Louis XIII.)

L'esprit du jeu sur table

L'invention de la table de billard passe par un véritable coup de génie qui pousse à son terme le processus de réduction de l'espace de jeu ouvert et naturel.

Concrètement, l'alignement formé par la zone où les joueurs commencent le parcours, l'arceau, puis la quille servant de but, est plié sur lui-même pour entrer dans les modestes dimensions d'une table. Pour ce faire, une planche de bois, la butée, est placée en travers du parcours, juste après l'arceau. En sorte que, après l'avoir percutée, la bille jouée rebrousse chemin pour accomplir la seconde moitié du parcours, passer sous l'arceau et revenir sur la quille maintenant placée à l'endroit même du point de départ. L'élégance de cette solution consiste à faire coïncider la zone où commence le parcours avec le lieu où est placé le but. Le vocabulaire français témoigne de l'attrait qu'a exercé cette invention sur les esprits de l'époque. A partir de ce nouvel espace où le commencement et la fin se

C'est aussi en tant que nouveauté technique que la table de billard peut étonner. Sa réalisation impliquait des solutions techniques similaires à celles qui sont exigées par la mise au point d'une machine. Un aspect retient surtout l'attention. En choisissant de bâtir une table de huit pieds de long et de quatre pieds de large, Jehan de Vigne respectait un rapport de proportion du simple au double qui présente deux avantages. Techniquement, il s'agit d'un repère de construction reproductible quelles que soient les dimensions choisies. Pratiquement, la constance du rapport entre la longueur et la largeur permet de passer d'une table à une autre en s'attendant à voir épouser aux billes des parcours angulaires semblables.

superposent, il a formé les notions de «débuter» et «début».

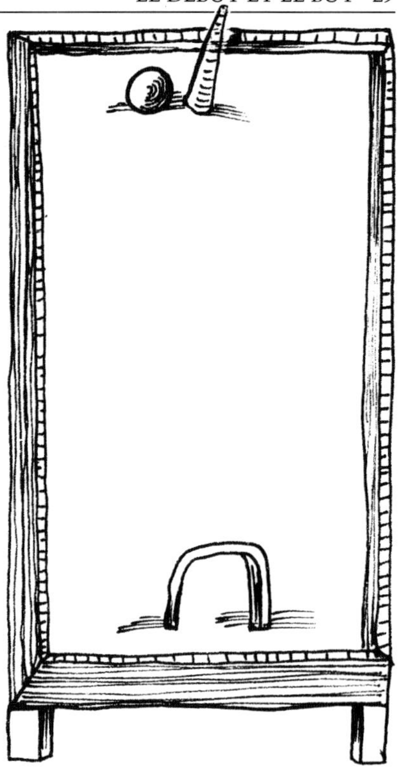

Blouses, chasse, plan

Sur les premières tables de jeu, l'opération consistant à chasser la bille adverse permet seulement de la déplacer ou de la sortir brutalement du «terrain» en la projetant par-dessus les butées (bandes).

Devenu un meuble d'intérieur, le jeu de billard reçoit un nouveau perfectionnement. Sur les tables du XVIe siècle, six «blouses» percées aux quatre coins du tapis et au point médian des deux grandes bandes offrent une solution plus élégante. Désormais, sortir la bille adverse du tapis devient une opération aussi évidente que renverser le but : la bille blousée disparaît de la table.

Ce perfectionnement est en rapport direct avec l'utilisation de la pierre lissée et tendue de drap par des équerres de fer qui équipe la surface de roulement des billes. La rupture qualitative est radicale. En passant de la terre battue à la pierre tendue de velours vert, le jeu de billard est devenu un espace plan régulier offert aux mouvements de sphères parfaites.

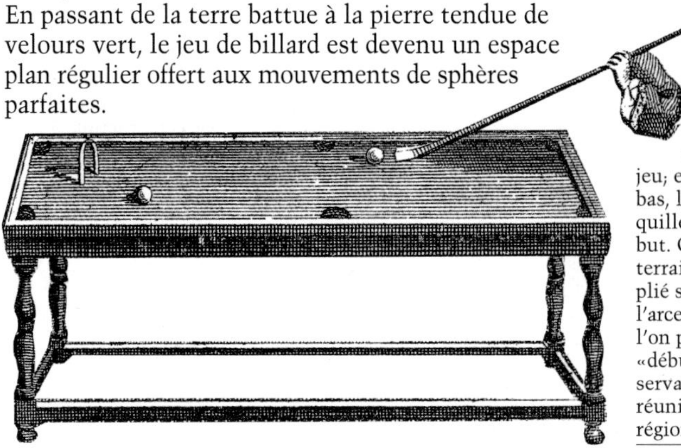

Page de gauche, le croquis montre le terrain avant pliage : en haut, la bille, qui indique le point où commence le jeu; en ligne vers le bas, l'arceau, puis la quille, qui vaut pour le but. Ci-dessus, le terrain est au contraire plié sur lui-même après l'arceau. Le point où l'on pose la bille pour «débuter» et la quille servant de but sont réunis dans la même région.

La querelle entre les joueurs de tric-trac montrée, ci-contre, dans le *Livre des bonnes mœurs* de Jacques le Grant (XVe siècle) doit se comprendre comme un exemple moral. Les conséquences néfastes entraînées par le jeu de hasard servant au rappel de l'essence démoniaque du jeu pour le chrétien.

Cette gravure du XVIIe siècle pousse jusqu'à la caricature la bonhommie inébranlable de joueurs de billard trop imbus du respect des règles, qui s'affairent sans relâche à un examen patient et entêté de la situation de jeu.

Un jeu permis mais limité

L'inventivité technique et intellectuelle qui préside au passage sur table ne doit pas masquer l'innovation que cette opération représente sur le plan des mœurs. Les jeux coutumiers du Moyen Age étaient d'abord des exercices de force et d'adresse qui réclamaient un affrontement sur le terrain. De ce point de vue, ils s'opposaient aux jeux de hasard comme l'ombre à la lumière. Lumière des jeux licites qui se déroulent dans un espace ouvert. Ombre des jeux illicites où se mêle le hasard (dés, cartes, tric-trac, échecs...), qui se déroulent sur des tables conventionnelles et n'échappent à la prohibition qu'en se dérobant aux regards. En passant sur table, le jeu de billard force cette grille de perceptions. Il existe désormais un jeu d'adresse corporelle, forme même du jeu légitime et licite, qui se joue sur un meuble et réclame le retrait de ce que les légistes de l'époque appellent un «lieu particulier».

Pour le législateur, cette situation est nouvelle. On

ne peut nier que le billard soit un exercice corporel. Ni que le hasard n'entre en aucune part dans le déroulement du jeu. Il est donc licite. Mais le fait marquant est qu'il s'agit désormais d'un jeu d'intérieur. A ce titre, le billard fait se côtoyer les deux mondes jusqu'alors opposés des jeux d'adresse et de hasard. Offrant aux espaces intérieurs – brelans et autres cabarets –, jusqu'alors tenus en lisière de la légalité, la légitimité de ses enjeux et paris.

Alors? Egards pour la commodité d'un jeu licite dans ses principes tout en étant approprié à une nouvelle forme de loisir qui privilégie la rencontre dans des lieux particuliers, ou prise en compte de l'aboutissement culturel correspondant à la mise sur table d'un jeu d'adresse corporelle ? Finalement, sensible au fait que les apparences sont sauves, la loi prend une position intermédiaire : elle limite l'expansion du jeu en lui conservant son statut légal.

L'interdit qui pèse sur les jeux de hasard condamne en fait la totalité des jeux susceptibles d'être pratiqués dans des lieux privés. Il va à l'encontre du puissant désir d'enrichir les relations entre personnes en les régulant par des jeux qui s'est emparé des populations d'Europe occidentale à partir du XIVe siècle pour ne plus se démentir. C'est l'opposition entre cet interdit et le besoin pressant de jouer sans se mettre en porte-à-faux avec la morale publique, ni renoncer aux rudiments de politesse que l'apprentissage des règles permet d'acquérir, qui favorise la métamorphose du jeu de billard en un jeu d'intérieur au cours du XVe siècle.

Le billard à la ville et à la Cour

Dès 1480, un édit de Louis XI illustre le parti pris par l'autorité publique. Il limite à trente les tables publiques autorisées dans les murs d'enceinte de Paris et entérine le monopole des maîtres-paumiers. Dans les deux cas, il s'agit de circonscrire le nouveau jeu et d'en faciliter la surveillance. Mais, peine perdue, les tables de billard s'installent dans les faubourgs...

Le billard se diffuse aussi dans les demeures de la noblesse. En 1500, «une table pour jouer à la bille recouverte de velours tanné» est citée parmi les biens d'Anne de Bretagne. En 1520, un autre document fait état d'«une table servant de jeu de billes bordée de drap vert, et deux tréteaux à pattes». Enfin, de François Ier jusqu'à Louis XIII, les chroniqueurs du XVIe siècle – Brantôme, Tallemant des Réaux, Agrippa d'Aubigné – attestent largement de la place éminente du jeu de billard dans la vie des rois et de la Cour.

On pourrait être surpris de la conjonction d'une femme (à l'avant-plan) et d'une table de billard (à droite) sur le tableau ci-dessus, si on ne savait qu'il était d'usage, au Grand Siècle, d'utiliser les édifices publics à des fins diverses. Sans qu'il y ait de contradiction entre la solennité des lieux où se tiennent les pouvoirs publics et l'usage de ces mêmes lieux à des fins de distractions privées.

Ostentation, parade et galanterie

Si la Cour et la ville se pressent autour des tables de billard, c'est que chacun apprécie l'élément de civilisation apporté par un jeu qui cumule l'exercice corporel et le déroulement en intérieur. Le jeu de paume représentait déjà une tentative pour parvenir à ce résultat. Mais, des échanges de balles rapides et incessants qui le caractérisent, il résultait qu'on transposait en espace couvert un jeu où l'endurance

La galerie pourvue d'un billard, du peintre hollandais Van Bassen, (XVIIe siècle, ci-contre) pourrait aisément servir de décor à une triste anecdote rapportée à propos de Charles IX. Brantôme raconte en effet que, après avoir autorisé les massacres des protestants de la nuit de la Saint-Barthélemy, le jeune roi se retira dans une galerie du Louvre où se tenait le jeu de billard pour attendre que passe la nuit terrible du 24 août 1578 en jouant avec ses familiers. Trouvant cependant encore assez de rage et de vindicte pour se poster à une fenêtre et tirer à l'arquebuse sur des fuyards qui tentaient de passer la Seine en criant «tuez! tuez!». Agrippa d'Aubigné, qui rapporte la même scène, ajoute que le roi voulut «giboyer aux passants»!

physique est continuellement sollicitée. Au contraire, le jeu à tour de rôle, qui est à la base du billard renvoie à un rapport entre les participants qui oscille entre l'exercice physique et la sociabilité. Après avoir joué son tour, chaque joueur se retrouve au repos. Comme s'il passait sans cesse de la position de joueur à celle de membre de la galerie. Autrement dit, la distraction apportée par le jeu est redoublée par celle d'y assister en spectateur : l'alternance d'action et de repos qui compose le déroulement de la partie de billard faisant la part aussi belle à l'ostentation et aux goûts de parade qu'au plaisir de «galer» (plaisanter, juger, être galant) sur l'exploit qui revient à chacun.

Le jeu «académique»

Pris entre les guerres de Religion et les querelles entre la Couronne et les Grands qui aboutissent à la Fronde

(1649), le début du XVIIe siècle trouve un exutoire dans les formes de sociabilité offertes par le billard. On soupçonne les riches salons où s'abritent les tables d'accueillir, mieux encore que ne le faisaient les jeux de paume, des divertissements moins recommandables. Jeux de hasard, ambiance malsaine qui les entoure, passion pour l'argent et ce qu'il peut faire obtenir : boissons, débauches... Ce climat entraîne une dépréciation : de simple nom commun désignant les jeux de paume et de billard, le mot «tripot» glisse vers l'acception actuelle, beaucoup plus péjorative.

Sous le règne de Louis XIII, une loi somptuaire de 1634 livre la parade trouvée par les amoureux du jeu pour lui rendre sa dignité. Cet édit qui prohibe «toutes étoffes de brocart» destinées à tapisser les murs et interdit l'entrée des salles publiques «à toutes personnes vêtues de drap d'or ou d'argent», poursuit en utilisant pour la première fois le mot «académie» afin de nommer les salles où sont installées des tables de billard. La réhabilitation de façade qui consiste à abandonner une désignation pour une autre plus prestigieuse ne fait pas long feu. Le même édit qualifie ensuite «lesdites académies [...] de réceptacles de rodomonts, de fanfarons, de spadassins et raffinés d'honneur, de passevolans ou militaires sans paye, de coupeurs de bourse ou tireurs de laine»!

Dans son *Journal*, Héroard, médecin et précepteur de Louis XIII, rapporte que le 23 avril 1617, apprenant l'assassinat de Concini, Premier ministre et favori de la reine mère Marie de Médicis, Louis XIII interrompit sa partie pour se jucher sur le billard et crier au futur cardinal de Richelieu : «Eh bien Luçon, je suis délivré de votre tyrannie. Allez, Allez! Otez vous d'ici!» Après quoi, Richelieu subit sept ans de disgrâce.

Règles de jeu et bonnes manières

Cependant, comparé aux jeux moralement inacceptables, le billard apparaît comme un moindre mal pour l'autorité publique. Le caractère licite du jeu et

le fait que les joueurs aussi bien que la galerie ont tout loisir de faire des enjeux et paris, comme de se faire servir des boissons alcoolisées, font des salles de billard des lieux publics nécessaires à la vie urbaine du XVIIe siècle. En cela, les «académies» de billard précèdent les cafés qui donneront une tournure définitivement moderne à la vie sociale de l'Europe occidentale au siècle suivant. Avec cette différence que, dans l'académie, la rencontre, qui n'a ni motifs politiques, ni religieux, trouve sa raison ainsi que la règle de son déroulement dans l'activité du jeu ou le spectacle qu'il donne. La conversation devant un café relevant d'un état des mœurs qui n'apparaît qu'ensuite, après que l'art de se plier à des règles au milieu de compagnies rassemblées autour de jeux de table a produit les rudiments des bonnes manières.

Vers 1630, *Les Caquets de l'accouchée*, roman satyrique, décrit ainsi les mœurs parisiennes : «Il n'y a ni fils ni petit-fils de procureur, notaire ou avocat qui ne veuille faire comparaison avec les enfants de conseillers, maîtres des requêtes, maîtres des comptes et autres Grands Officiers. Ils hantent les banquets à deux pistoles par tête, empruntent argent, jouent aux dés, au piquet, au billard.»

MAISON ACADEMIQVE
HF

En 1665, *La Maison des jeux académiques*, publiée à Paris par l'éditeur Etienne Loyson, donne la première règle du jeu de billard. Ce traité, sans nom d'auteur, précise «la manière de jouer des honnêtes gens» en quarante-deux règles, et donne à la suite la règle d'une autre partie appelée «jeu de la guerre». Ces règles, qui s'adressent aussi bien à Louis XIV qu'au plus bourgeois de ses sujets, peignent un tableau précis et coloré des manières de jouer du Grand Siècle.

CHAPITRE III
LA PARTIE DU ROI-SOLEIL

Dès son jeune âge, Louis XIV trouve dans le billard un art d'adresse corporelle exactement dans l'esprit des arts de la chasse et du cheval qui faisaient son univers accoutumé comme celui de ses ancêtres. Les *Mémoires* de Laporte, son premier valet de chambre, nous apprennent qu'à quinze ans, alors qu'il lit encore mal, le roi se montre déjà d'une adresse honorable autour de la table. Plus âgé, il confiera à Dangeau, son mémorialiste : «A quoi bon tant lire? Le billard est plus attrayant!»

La partie ordinaire

La partie de billard ordinaire du XVIIe siècle met en concurrence deux joueurs qui disposent chacun d'une bille, avec laquelle ils cherchent à atteindre une quille posée sur la table (le but). Quand le but est renversé, une séquence de jeu s'achève. Le but est alors «relevé» et remis à sa place. Les joueurs reviennent au point de départ du parcours et débutent une nouvelle séquence. Il est d'autant plus utile d'avoir ces informations à l'esprit que la règle de la «partie ordinaire», telle qu'elle est énoncée pour la première fois dans *La Maison des jeux académiques,* n'entre pas dans les considérations générales; elle s'en tient aux points ambigus ou litigieux qui découlent des conditions matérielles du jeu. En donnant pour acquis que le lecteur, ayant déjà vu le jeu se dérouler, en connaît les principaux enchaînements.

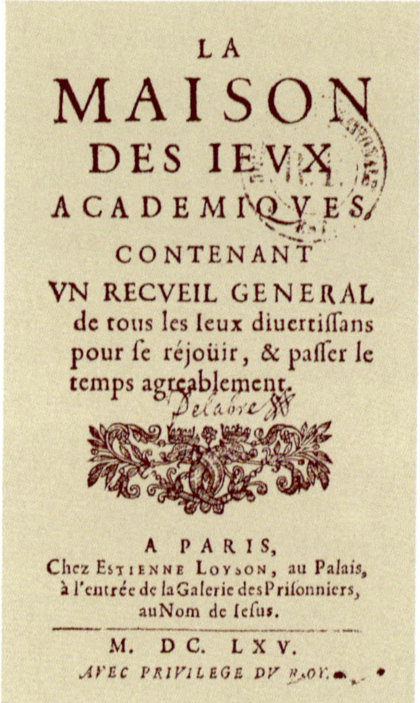
LA
MAISON
DES IEVX
ACADEMIQVES,
CONTENANT
VN RECVEIL GENERAL
de tous les Ieux diuertiſſans
pour ſe réjoüir, & paſſer le
temps agreablement.

A PARIS,
Chez ESTIENNE LOYSON, au Palais,
à l'entrée de la Galerie des Priſonniers,
au Nom de Ieſus.

M. DC. LXV.
AVEC PRIVILEGE DV ROY.

Pour jouer le premier...

Les deux premières règles entrent d'emblée dans le vif du sujet. L'ordre d'entrée des joueurs dans la partie est l'enjeu d'un coup préliminaire assez semblable à ce qui se pratique encore aujourd'hui. Chacun des joueurs tirant contre la petite bande du bout opposé pour revenir au plus près de la bande dite du bas. Sans la toucher, ce qui rendrait automatiquement le coup perdant.

Toutefois, la première règle de la partie ordinaire introduit quelques complications. «Pour jouer le premier il faut mettre les billes sous la passe et tirer au plus près de la corde où sont placées les sonnettes.» Où l'on apprend qu'outre les différents accessoires déjà présents sur la table, une corde liée à une sonnette trouve encore sa place. «Celui qui met

On pensait que la première règle du billard avait été éditée dans un recueil de jeux publié à Londres en 1674 par Charles Cotton sous le titre de *Complete Gamester.* Un autre texte, *Les Divertissements innocents,* publié par Adriaan Moetjens en 1696 à La Haye, qui est habituellement cité pour la plus ancienne règle écrite en français, passait ainsi pour une traduction de l'anglais. En fait, la rédaction originale de la règle du billard était donnée dans la *Maison des jeux académiques* publié en 1665 à Paris.

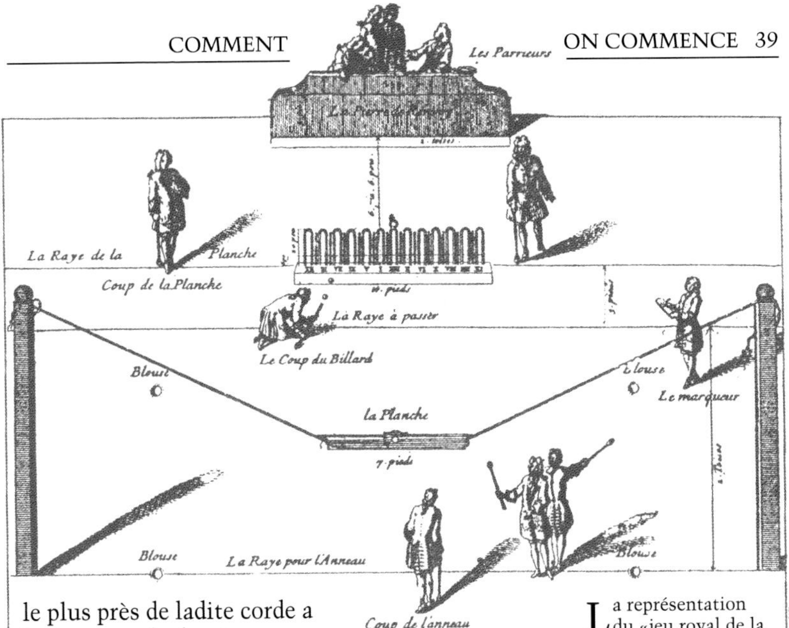

le plus près de ladite corde a le devant et le dernier a l'hyvet», dit la règle 2. Ce souci d'éviter le hasard dans l'attribution des rangs d'entrée dans le jeu est dans le droit fil de la fonction essentielle des règles. Leur objet étant de préserver l'égalité entre les participants en tous autres domaines que l'adresse par laquelle ils se départagent. C'est bien ainsi que l'entend le rédacteur de la règle de 1665, qui précise dans une note préliminaire qu'il s'agit «du nouveau jeu de billard tel qu'il est joué à présent [...] d'autant qu'il y survient quelquefois et ordinairement des contestations entre les joueurs, vous trouverez ci-dessous les véritables règles».

La Raye de Retour

La représentation du «jeu royal de la passe», dressé pour Sa Majesté par Desportes (1717), donne une image fidèle de l'organisation des espaces de jeu de billard au sol au début du XVIIIe siècle. C'est un élément de référence précieux pour visualiser les éléments du dispositif du jeu sur table décrit par la règle de 1665. Elle rappelle d'autre part qu'à côté du jeu sur table la pratique de différentes formes de jeux en plein air est restée vivante jusqu'à nos jours (croquet, golf, etc.).

Le devant et l'«hyvet»

Obtenir le devant (jouer le premier) est si bien un avantage que cette position peut être perdue. Règle 3 : «Si le premier passe [sous l'arceau] et butte et le dernier aussi ce n'est rien

Debut

de fait sinon que le dernier gagne à jouer le devant.» Règle 4 : «Si celui qui a l'hyvet [le dernier] passe et butte le premier il gagne le coup.» Les règles 11 et 12 confirment encore cet avantage. Règle 11 : «Qui joue le premier et se blouse perd le devant». Règle 12 : «Si celui qui à l'hyvet se blouse il perd deux coups.»

En fait, l'avantage du coup d'avance dont dispose le premier est tel qu'il y a peu de chances pour celui qui joue le dernier de le rattraper dans sa course vers le but. Dès lors, l'égalité entre les joueurs serait compromise si les règles ne venaient aménager ce déséquilibre initial. La règle 15 laisse pressentir la direction prise : «Si celui qui a le devant butte, et au revenir chasse ou touche la bille de celui qui a l'hyvet, il faut la remettre en sa place.» Cette restriction concernant la possibilité pour celui qui tient le devant de chasser la bille adverse ne se limite pas seulement à cette circonstance. Elle vaut en fait comme une règle générale à laquelle cette circonstance particulière ne fait pas exception. Loi générale donnée par la règle 19 : «Défense de rompre la bille de celui qui a l'hyvet, passé ou non, encore qu'ayez passé et butté, sous peine de perdre le devant.»

La difficulté à rattraper le coup d'avance du premier à jouer se soldant finalement par une accentuation des rôles assignés aux joueurs. Le premier étant engagé à jouer au plus tôt la passe puis le but. Le dernier partant en chasse après lui pour l'en empêcher. Ceci dit, la chasse de la bille adverse n'est pas interdite au premier. Ni le tir au but interdit au second. Le résultat dans ces deux cas étant le renversement des places respectives.

L'un dit à l'autre : «Amy, prens garde à la belouse, qui veut brouser souvent se brouse.» L'intérêt de la liaison entre la rivalité dans le jeu et la rivalité

Amy prens
Qui veut. brouser

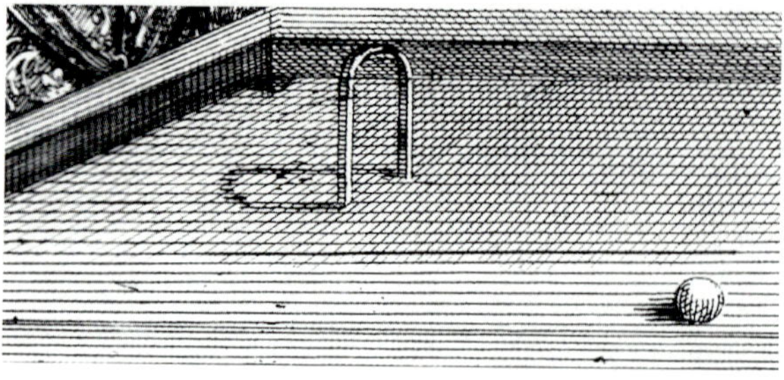

dans la conversation tient au rapport d'application qu'elles entretiennent. Au cours de la partie de billard, l'une donne à l'autre matière à nourrir la métaphore amoureuse qui est au cœur des activités de délassement.

Coups gagnés ou perdus et points marqués

L'entrelacs baroque formé par la suite des 42 articles de la «partie ordinaire» réserve une ambiguïté concernant le déroulement du jeu au XVIIe siècle. Le rédacteur mentionne régulièrement un ou deux coups

garde à la belouse souvent se brouse

perdus comme conséquences aux manipulations inappropriées et aux fautes. C'est-à-dire autant de tours perdus pour le joueur qui les commet. Tandis que les coups réussis sur la bille adverse et sur le but valent un ou deux coups à jouer en plus. «Qui fait sortir la bille de la partie [adverse] hors le tapis gagne deux coups», dit la règle 13.

Cependant, il n'est jamais fait explicitement mention des «points» marqués par les joueurs.

Ci-dessous, les positions respectives de la quille et de la bille, qui se trouvent à la même hauteur, sont caractéristiques de la position initiale où se placent les joueurs pour débuter la partie. On remarquera que la quille ou but, présente sur ce détail d'une gravure montrant une partie de billard de Louis XIV (voir page 43), est absente de la table montrée sur l'image de gauche. Il faut en conclure qu'une partie constituée de chasse de la bille et de mise en blouse pouvait être jouée entre seulement deux joueurs. Page de gauche, en bas, détail montrant l'accessoire de jeu appelé arceau ou «passe».

Hormis une mention indirecte dans l'article 36 qui stipule : «Qui vient à cinq-cinq ou à sept-sept de la partie, cela dépend de celui qui a le devant de faire en deux venant.» Règle qui apparaît fort proche du *tie-break* (écart de deux points minimum) nécessaire au gain d'une manche au tennis. Avec cette nuance

que dans le cas de la partie de billard, il revient à celui qui tient le devant – il a l'«avantage» – de choisir s'il veut finir en «deux venant», c'est-à-dire avec deux points d'écart, sur une base de cinq-cinq ou de sept-sept.

Représenté par Trouvain (ci-contre) dans le salon d'Apollon, où se tient le billard ordinaire, Louis XIV est en compagnie de gentilshommes et d'un personnage qui figure de dos, Chamillard, champion incontesté du jeu, que son talent, joint à une grande discrétion qui lui gagnera la faveur de Mme de Maintenon, propulse d'abord à la charge d'intendant général des Finances puis au poste de ministre.

On rejoue après un coup au but

Cinq-cinq ? Sept-sept ? Malheureusement, la règle de 1665 – et il n'en existe pas de plus ancienne – ne précise pas en quelles occasions ces scores sont obtenus. Supposant ici encore que le lecteur est au courant. Ce raisonnement implicite oblige à déduire que les joueurs marquent un point pour chaque mise au but. Seule solution suffisamment évidente pour ne pas être mentionnée explicitement. Ceci admis, le tableau offert par la partie de billard ordinaire est fort net. Quand le rédacteur parle de «coups» gagnés, il ne s'agit pas de buts comptant pour la marque, mais d'autorisation à rejouer. Au contraire, en statuant sur la manière de terminer une manche quand les joueurs sont à égalité, la règle 36 donne le fin mot au problème crucial de l'achèvement de la partie. En comptant séparément les «coups» gagnés ou perdus et les «buts» marqués, qui comptent seuls pour le gain de la partie, elle pose une caractéristique du jeu de billard sur laquelle repose tous les développements de l'art de jouer à venir. En effet, le coup au but donne le devant à celui qui a l'hyvet, ou le conserve à celui qui tient déjà ce rang. Dans les deux cas, le coup au but vaut pour un coup à rejouer. Exactement comme on rejoue après un carambolage aujourd'hui.

Entre la gravure montrant Louis XIV et la duchesse de Bourgogne (page de gauche) et l'image de Trouvain se joue un subtil contrepoint. A l'inverse de la sociabilité masculine, de la conduite des affaires et des nécessaires compromis politiques évoqués par l'ambiance solennelle de la partie du roi au milieu de ses courtisans, la partie avec la duchesse vient rappeler que le Grand Roi s'inscrivait pleinement dans la tradition galante de la noblesse française. Elle est légendée ainsi : «On croit gagner le coup, et l'on vous fait sauter. Bien souvent en amour on court même carrière. Un rival imprévu vous vient rompre en visière. Et vous empêche de buter.»

<u>**Le «jeu de la Guerre»**</u>

A la suite de la partie ordinaire, *La Maison des jeux académiques* livre la règle d'une autre partie, le «jeu de la Guerre», qui se joue quand les partenaires sont plus nombreux. «Si on est huit ou neuf, faut avoir chacun une bille de marque différente et les mêler. Savoir qui sera le premier et ce qui s'ensuit», dit la première règle.

Une autre particularité du jeu de la Guerre est indiquée aussitôt : le simple fait de mêler autant de billes marquées différemment qu'il y a de partenaires pour déterminer l'ordre d'entrée des joueurs dans la partie tranche d'office avec la manière de procéder dans la partie ordinaire. Là où la corde et les sonnettes assurent que la place prise par chacun dans la partie ordinaire sera fonction de sa seule adresse, un tirage au sort annonce d'entrée de jeu que la nature du divertissement n'est pas la même.

<u>**Un jeu d'argent**</u>

Non pas que les règles de la partie ordinaire et celles du jeu de la Guerre soient foncièrement différentes. Au contraire, elles sont très semblables : les billes mêlées ne servant qu'au tirage au sort des rangs

Ci-dessus à gauche, une autre gravure de Trouvain montrant une sorte de «flipper» du XVIIe siècle appellé le jeu du portique. Elle appartient au même cycle que la partie de billard du roi avec Chamillard en page précédente. Ces deux images proviennent d'un groupe de six pièces gravées montrant les appartements du roi à Versailles et les plaisirs auxquels on s'y livrait .

d'entrée dans la partie, qui se joue ensuite avec deux billes, comme l'ordinaire. Les joueurs, quel que soit leur nombre, jouant à tour de rôle sur l'une puis sur l'autre. Avec cette différence qu'il s'agit d'une «guerre» où le but est supprimé, où chacun tente d'éliminer le joueur qui le précède en mettant sa bille dans la blouse, jusqu'à ce qu'il ne reste qu'un joueur, qui remporte les mises.

ifications

En fait, la différence constitutive du jeu de la Guerre tient à la conjonction du hasard dans l'attribution des rangs d'entrée et au nombre plus élevé des joueurs autour de la table de billard. Le tout produisant une partie où les enjeux accumulés croissent au même rythme que les chances de perdre, sans que chaque joueur soit obliger de miser davantage. En bref, le jeu de la Guerre semble avant tout un jeu d'argent, qui fait autant de place qu'il est possible dans un exercice d'adresse au sort et à la chance. Ce que confirme la règle 23 qui précise : «Le maître prend toutes les parties selon la valeur desdites parties.» S'agissant ici du maître billardier, tenancier de l'académie et des jeux, et enjeux qui y ont cours.

❝Ce qu'on appelait «appartement» était le concours de toute la cour depuis sept heures du soir jusqu'à dix, que le roi se mettait à table, dans le grand appartement [...] D'abord, il y avait une musique; puis des tables par toutes les pièces, toutes prêtes pour toutes sortes de jeux; un «lansquenet», où Monseigneur et Monsieur jouaient toujours; un billard : en un mot, liberté entière de faire des parties avec qui on voulait [...].❞

Saint-Simon, *Mémoires*, 1694-1755

Ci-dessus, «le jeu du billard servant à la démonstration de la force des corps». Au milieu, «le jeu royal des fortifications» par Arnould.

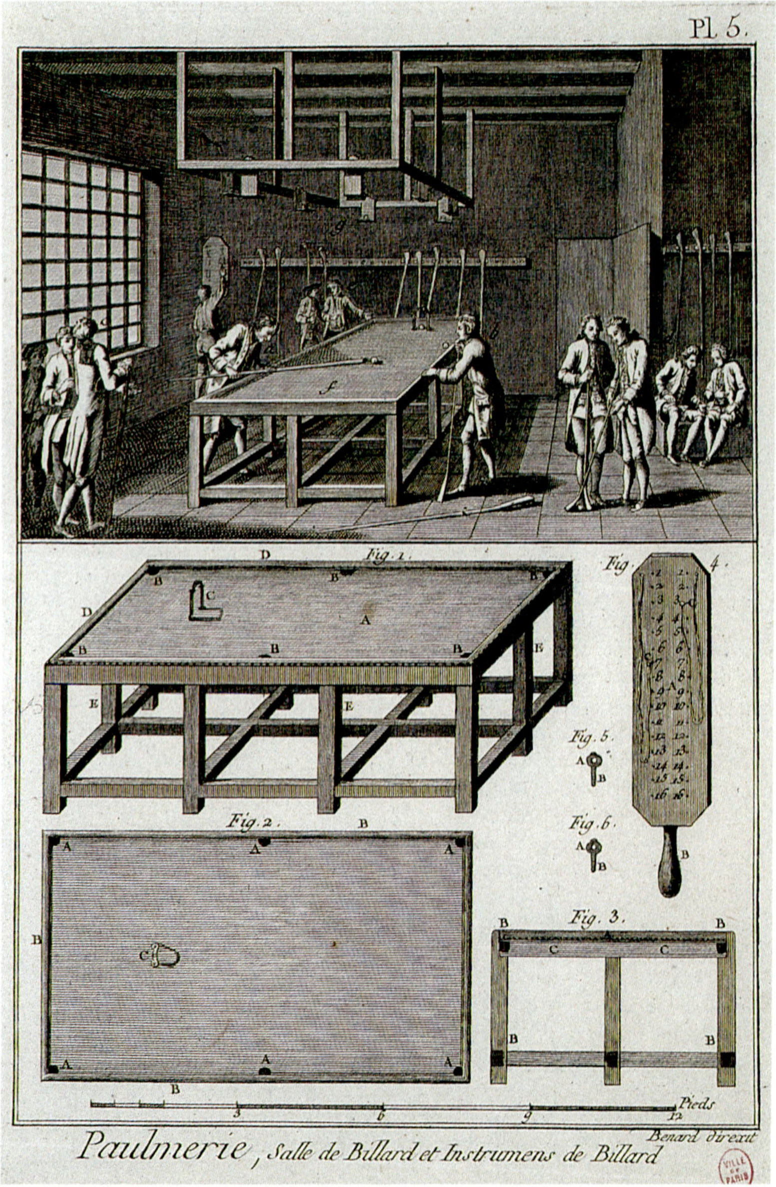
Pl. 5.
Fig. 1.
Fig. 2.
Fig. 3.
Fig. 4.
Fig. 5.
Fig. 6.
Pieds
3
6
9
12
Benard direxit
Paulmerie, Salle de Billard et Instrumens de Billard

Au début du XVIIIe siècle, malgré les restrictions et la surveillance de la police, le jeu se diffuse et connaît des modifications. Vers 1770, la quille servant de but est remplacée par une bille rouge dite «neutre». La Révolution met à bas la législation restrictive qui pèse sur les jeux : en 1800, les chroniqueurs font état de 1 000 à 2 000 tables de billard ouvertes au public parisien.

CHAPITRE IV
LE JEU DE LA CAROMBOLE

108

Explication de la Figure ci-contre.

La BILLE eſt un corps d'y-voire rond & ſphé ri que, de la groſ ſeur d'un œuf, dont on ſe ſert pour jouer au bil lard. On don ne le nom de Bil lard à la gran de ta ble cou ver te d'un drap verd, ſur la quelle on joue, & à l'inſ tru ment qui ſert à pouſ ſer la bil le pour la met-tre dans la blou ſe. L'on don ne en co re ce nom à plu ſieurs bâ-tons de buis, dont les Em ba-leurs, Ou vriers & Ar tiſ tes ſe ſer vent pour leurs ou vra ges.

109

Syllabe finale & diphtongue douteuſe.

Il le,	*Il le.*
Bil le,	*Bil le.*
Fil le,	*Fil le.*
Gril le,	*Gril le.*
Quil le,	*Quil le.*
Vril le,	*Vril le.*

il. *bille.*

Mots diviſés par Syllabes.

A chil le, Baſ til le, che nille, dé bil le, é par pil le, fa mil le, gen til le, ha bil le, jon-quil le, len til le, man dil le, pil le, ro quil le, ſou que nil le, tor til le, vé ril le.

Leçon sur le maintien souhaitable chez les joueurs, dans sa partie supérieure, description des normes géométriques à respecter pour construire la table, dans sa partie inférieure : la planche de l'*Encyclopédie* de Diderot et d'Alembert consacrée à la salle de billard et à ses instruments est composée comme un abrégé des règles dont ce jeu stimule l'observance.

«Le lieu où l'on joue»

En 1705, Nicolas de La Mare, intendant général de la police du royaume, publie son *Traité de la police*. Le troisième livre de ce traité, consacré aux mœurs, aborde la législation des jeux d'une manière inédite. Reprenant la distinction entre jeux permis où seules l'adresse, l'intelligence ou l'agilité sont nécessaires; jeux tolérés qui mêlent l'adresse et le hasard; et jeux de pur hasard qui sont interdits, de La Mare propose un nouveau critère permettant de juger du caractère licite ou condamnable du jeu. «Le lieu [où l'on joue] est une des circonstances qui justifie les joueurs ou qui les rend condamnables quoiqu'ils ne jouent qu'à des jeux permis.» Par la notion de «lieu», l'auteur n'entend nullement une détermination géographique. En effet, il ajoute : «Que l'on prenne cette récréation avec des amis, à la bonne heure, il n'y a rien là qui blesse la pureté des mœurs. Mais que de ce remède qui n'est donné à l'homme que pour un délassement d'esprit dont il a besoin, il fasse sa principale profession. Que sa maison soit ouverte à tous ceux qui

s'y présentent pour jouer, qu'il les reçoive sans distinction, et qui pis est, qu'il en retire un lucre sordide. Qu'en un mot il tienne un lieu que l'on appelle fort improprement une «académie», mais beaucoup mieux du nom infâme de brelan : ce sont ces maisons que tout homme d'honneur doit éviter et que les lois condamnent!»

Avec qui on joue?

En bref, le lieu où il joue condamne ou non le joueur suivant ceux avec lesquels il joue. Avec des amis, rien à redire. Le jeu reste licite. Par contre, joué avec «tous ceux qui se présentent», le jeu, même permis suivant la hiérarchie des jeux héritée du Moyen Age, «est ce que l'on doit éviter et que les lois condamnent».

Qu'il soit traité avec l'ironie britannique (en haut à gauche) ou de façon à illustrer la liberté des manières françaises (ci-dessus), au XVIIIe siècle, le billard est représenté comme un lieu de paroles et de rencontres. Les associations autour du jeu s'éloignent des relations entre les sexes pour aborder les objets d'intérêt de la conversation moderne : vie politique et sociale, idées, savoir-vivre.

Cette distinction n'est nouvelle que dans la mesure où elle est exprimée pour la première fois dans une argumentation systématique de la législation des jeux. Elle montre que les joueurs sont suffisamment nombreux au début du XVIIIe siècle pour qu'elle se pose de manière discriminante.

Plus grave du point de vue du législateur, les joueurs potentiels en ce début du siècle des Lumières sont d'origine sociales suffisamment diverses pour que «tous ceux qui se présentent» ne puissent pas être considérés comme «amis».

Si bien qu'à l'ancienne distinction entre jeux permis, tolérés ou défendus, qui ne suffit plus à contenir le désordre social engendré par le jeu public, le législateur se charge d'en ajouter une autre plus contraignante!

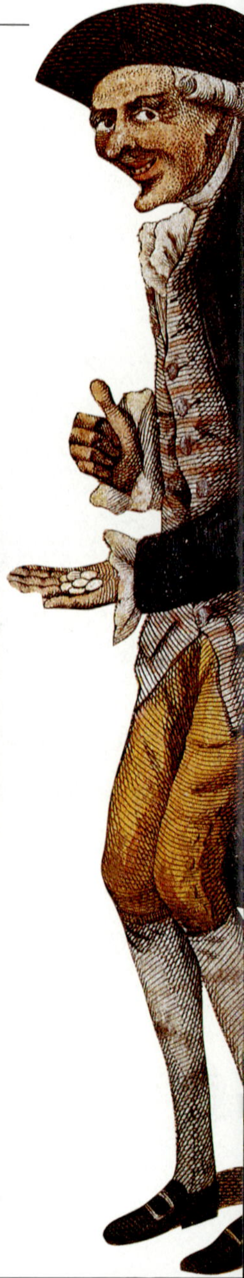

Le billard sous conditions

En les faisant passer de la catégorie des jeux permis dans celle des jeux seulement tolérés sous certaines conditions, la législation fixée dans le *Traité de la police* entend empêcher que les billards publics deviennent des repaires pour les habitués du jeu. La condition essentielle semblant que le «tout-venant» ne soit pas libre d'accéder au jeu, mais seulement ceux que leur situation sociale autorise à se donner le

loisir du jeu d'argent : les nobles, car hors les affaires de l'état et de la guerre, c'est leur mode de vie; les bourgeois, si tant est qu'ils sont en possession de leur bien et non pas en position de faire des dettes sur un héritage à venir. Au contraire, les travailleurs qui vivent de leurs bras, les mineurs et plus généralement tous ceux qui ne sont pas en état de pourvoir directement aux moyens de leur existence doivent être tenus à l'écart des jeux de billard comme de tout autre jeu.

Dans la «Partie de billard dans un casino français» (ci-dessous), un élément essentiel de comique tient dans le basculement de la conversation vers les arguties. Comme si les enjeux et paris et les commentaires sur la régularité du jeu entraînaient des disputes sans fin au lieu de la civilité attendue du respect des règles. Cette gravure base ses effets sur l'antithèse respect des règles/zizanie créée par le désaccord sur leur interprétation. Au contraire, l'humour anglais (page de gauche) se signale plutôt par la description d'une situation où chacun fait montre de la même défiance : le respect des règles, sans pour autant précipiter le chaos, apparaissant n'avoir rien changé à la nature humaine! Dans l'un et l'autre cas, la moralité est la même : le respect des règles ne peut avoir pour fruit l'ordre dans les relations entre personnes que s'il déborde le cadre étroit du déroulement du jeu pour envelopper la considération que s'accordent les personnes qui sont réunies autour de lui.

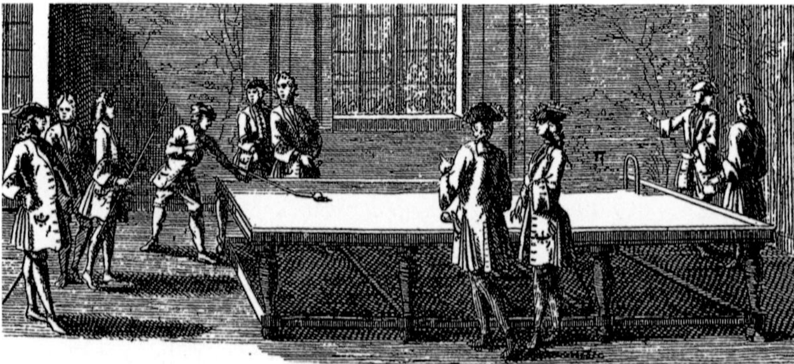

Le système des clubs

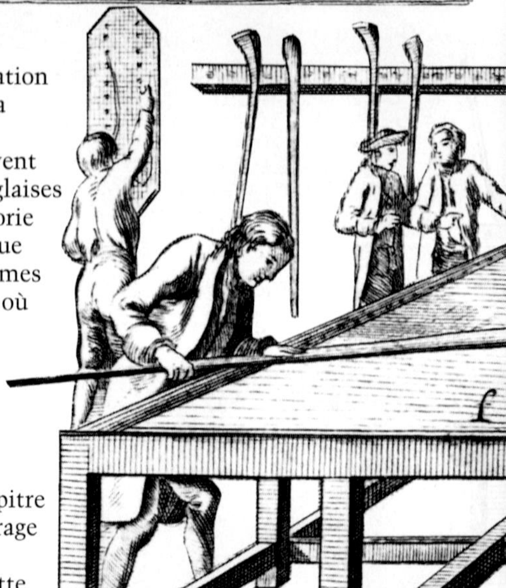

Durant la période de réconciliation franco-anglaise instaurée par la diplomatie du Régent, les «académies» parisiennes trouvent un modèle dans les mœurs anglaises et s'assagissent. Chaque catégorie de joueurs, entendue en tant que groupe social jouissant des mêmes prérogatives, joue en des lieux où elle est connue de réputation. C'est la formule des «clubs», où on décline son identité avant d'entrer.

Un ensemble de gravures du XVIIIe siècle réunies par H.-R. d'Allemagne dans le chapitre consacré au billard de son ouvrage de 1904 *Les Sports et les jeux d'adresse* permet d'illustrer cette évolution. Une gravure d'après un original de Nicolas Guérard représente une académie de billard du temps de la Régence, où se réunissent des gentilshommes. Ces messieurs élégants font leur partie dans une vaste et haute pièce richement décorée et éclairée de deux grandes fenêtres. Une autre image tirée des illustrations de la grande *Encyclopédie* de Diderot et

En haut, une «académie de billard» par Nicolas Guérard. Ci-dessus, la planche «billard» de l'*Encyclopédie* (détail).

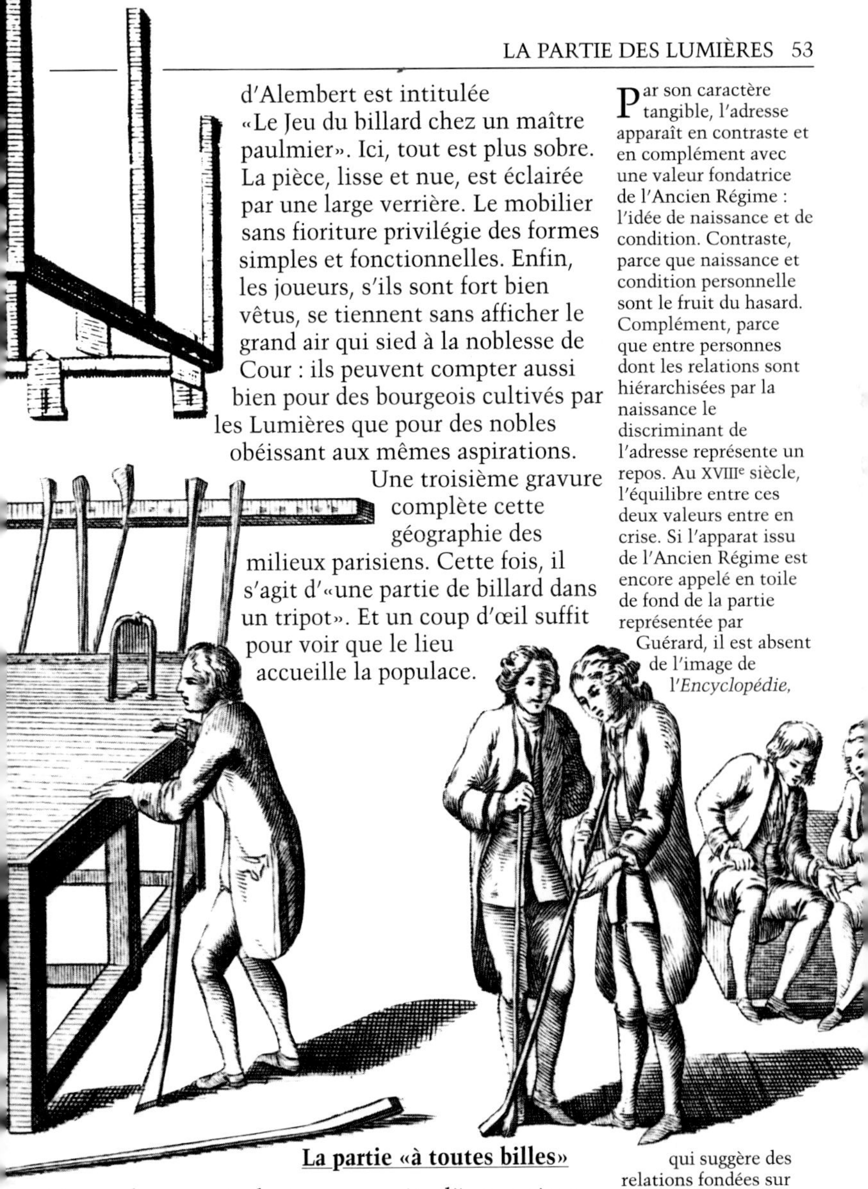

d'Alembert est intitulée «Le Jeu du billard chez un maître paulmier». Ici, tout est plus sobre. La pièce, lisse et nue, est éclairée par une large verrière. Le mobilier sans fioriture privilégie des formes simples et fonctionnelles. Enfin, les joueurs, s'ils sont fort bien vêtus, se tiennent sans afficher le grand air qui sied à la noblesse de Cour : ils peuvent compter aussi bien pour des bourgeois cultivés par les Lumières que pour des nobles obéissant aux mêmes aspirations.

Une troisième gravure complète cette géographie des milieux parisiens. Cette fois, il s'agit d'«une partie de billard dans un tripot». Et un coup d'œil suffit pour voir que le lieu accueille la populace.

La partie «à toutes billes»

L'essor du jeu se traduit par une suite d'innovations qui débouchent sur une forme de jeu intermédiaire entre la «partie ordinaire» jouée au XVIIe siècle et la

Par son caractère tangible, l'adresse apparaît en contraste et en complément avec une valeur fondatrice de l'Ancien Régime : l'idée de naissance et de condition. Contraste, parce que naissance et condition personnelle sont le fruit du hasard. Complément, parce que entre personnes dont les relations sont hiérarchisées par la naissance le discriminant de l'adresse représente un repos. Au XVIIIe siècle, l'équilibre entre ces deux valeurs entre en crise. Si l'apparat issu de l'Ancien Régime est encore appelé en toile de fond de la partie représentée par Guérard, il est absent de l'image de l'*Encyclopédie,* qui suggère des relations fondées sur l'égalité de condition que les règles établissent.

«partie libre» jouée aujourd'hui.

La règle du jeu de 1665, telle qu'elle apparaît dans *La Maison des jeux académiques*, connaît des remises à jour successives : en 1674, en version anglaise, sous le titre de *Complete Gamester*, à Londres; en 1696, sous le titre *Les Divertissements innocens*, à La Haye; puis en 1718, à nouveau à Paris, sous le titre d'*Académie universelle des jeux*. Cette édition, qui sera suivie de deux autres identiques en 1738 et en 1753, propose la règle d'une nouvelle partie dite «à toutes billes». La règle de cette partie indique «qu'il n'y a à toutes billes ni corde ni passe à considérer». Le changement est radical. Il ne s'agit plus d'effectuer un parcours avec des étapes obligées : toucher la petite bande du fond, passer, puis buter (soit une séquence de trois coups minimum), mais de chercher à toucher la bille adverse (sous peine de

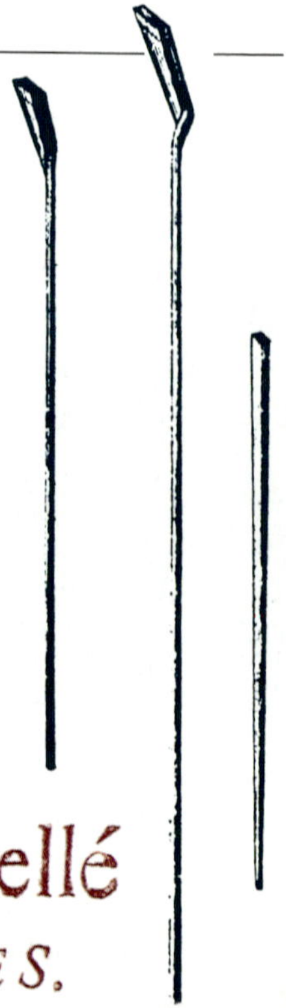

LE JEU

DE BILLARD, appellé

A TOUTES BILLES.

Ce jeu de Billard *à toutes billes*, consiste, sitôt que la premiere est poussée, d'y toucher avec la sienne, sinon on perd un point.

«perdre le coup») et si possible d'aller ensuite, dans le même mouvement, renverser le but.

Masses et «queues»

Le *Hoyle's Games*, publié en 1788 à Londres par James Beaufort, est le seul ouvrage connu à signaler deux autres transformations essentielles. Suite à la règle de la partie ordinaire (*winning game*) citée en premier, on apprend que le billard est joué avec des bâtons appelés *maces* (masses) ou avec des «queues».

Les masses ont «la préférence des joueurs anglais».

A droite, scène de billard en Autriche à la fin du XVIIIe siècle.

Ce sont «de longs bâtons droits avec une tête au bout. [...] La queue est un mince bâton diminuant graduellement pour finir avec un diamètre d'un demi-pouce. On joue de cet instrument par-dessus la main gauche, en le supportant du bout des doigts et du pouce. C'est le seul instrument en vogue sur le continent».

La queue, c'est la masse, ou l'ancien billart, diminuée de sa «tête» : c'est-à-dire de son extrémité inférieure. A considérer les postures des joueurs sur les gravures montrant le jeu de billard aux XVIIe et XVIIIe siècles, cette transformation est progressive.

Louis XIV et ses compagnons de jeu se penchent à peine avant de jouer, imitant la manière dont Gombaut et Macée tiennent leur billart pour jouer au sol. Au contraire, la planche de l'*Encyclopédie* illustrant «Le Jeu de billard chez un maître paulmier» montre que les joueurs, quoiqu'ils utilisent encore des masses avec une tête, se penchent nettement.

L'aspect fonctionnel des instruments de jeu représentés dans l'*Encyclopédie* donne une faible idée de l'importance accordée à leur billart par les joueurs. Une anecdote pourra corriger cette impression. Dans ses *Mémoires*, Mme de Campan rapporte qu'un soir la reine Marie-Antoinette demanda qu'on lui apporte un billart fait d'une seule dent d'éléphant ciselée d'or. On le retira en deux morceaux de son étui. Devant l'objet brisé la reine s'écria : «Voilà de quelle manière M. de Vaudreuil a arrangé un bijou auquel j'attachais tant de prix...» Quelque temps plus tard, M. de Vaudreuil, proposé au titre de précepteur du Dauphin, était évincé par la Reine!

Un autre détail est plus frappant : le joueur montré en train de jouer sur cette gravure ne porte plus son billart levé à hauteur de l'épaule. Il le tient sous le bras en conservant le bâton à l'horizontale et presque parallèle à la table.

Cette manière de tenir le billart est certainement à l'origine de la suppression de la tête par laquelle on obtient la queue. Son principal effet est d'augmenter considérablement la force du mouvement imprimé à la bille jouée. Ce qui rend possible de jouer la bille adverse et le but en un coup unique.

Outre la manière très moderne de tenir la queue, on reconnaîtra sur l'image ci-dessous le joueur de billard issu du peuple révolutionnaire. Simplicité de la figuration, netteté de l'expression : l'homme aux muscles découverts est comme magnifié par la distinction que confère l'exercice du noble jeu.

La partie de la «carambole»

Beaufort passe ensuite à une autre des huit parties qu'il mentionne dans le *Hoyle's Games* : «La carambole est un jeu récemment introduit par les Français, joué avec trois billes dont une rouge qui est neutre [...]. L'objet principal de la partie consiste à viser avec sa bille les deux

autres billes : ce qui s'appelle une carambole.»

Dans la partie de carambole, la bille rouge remplace donc la quille servant de but. Substitution qui produit un effet essentiel sur l'aspect du jeu. A l'opposé du but qui est renversé dès qu'une bille le touche, la bille rouge roule sur le tapis quand elle est choquée. Résultat, en se déplaçant sur le tapis, la rouge déplace le but à atteindre au point de la table où elle s'arrête. En jouant la partie de carambole, il n'est donc plus nécessaire de relever la quille après chaque coup au but ni de reprendre l'engagement du jeu au point initial.

Cette modification majeure dans la manière de jouer a une conséquence d'égale importance. Conformément à la règle de la partie ordinaire, quand un joueur touche le but, il gagne ou conserve le devant. Dès lors, le joueur qui réussit un carambolage se trouve en position de rejouer un coup. Et ainsi de suite. C'est la porte ouverte à la série !

Buts, coups et points

La «partie ordinaire», jouée avec une quille servant de but, gardait d'étroits rapports avec le jeu au sol primitif. La nécessité de jouer un premier coup avant de franchir la passe en est le plus frappant témoignage. Ce coup de mise en position semblable aux coups d'approche du golf ou du croquet renvoie à une conception du jeu qui assimile la table de billard à un parcours avec ses difficultés et ses pièges : la passe et les blouses. Dans un tel contexte, l'accès au but ne peut être que l'issue d'une séquence de coups.

La différence faite dans la partie ordinaire entre les coups (reprises) gagnés et perdus et les buts marqués (qui permettent seuls de sortir vainqueur de la partie) s'inscrit dans cet état de l'art du jeu au XVIIe siècle. Le dispositif de jeu et le niveau atteint par l'art du jeu se conditionnant mutuellement, rendant impensable un coup unique pour toucher ou blouser la bille adverse, passer sous la passe et buter.

Au XVIIIe siècle, l'amélioration mécanique de la performance obtenue dans la poussée de la bille par le billart, les améliorations probables apportées à la table ainsi qu'à l'ensemble du matériel ont pour effet d'accélérer le cours du jeu. Résultat : la distinction s'efface entre les coups (reprises) gagnés et perdus et les buts marqués qui comptaient seuls pour le gain de la partie. L'ensemble des règles du jeu publié au XVIIIe siècle utilisant la notion de «points», qui comptent aussi bien les coups gagnants ou perdants sur la bille adverse que les coups au but.

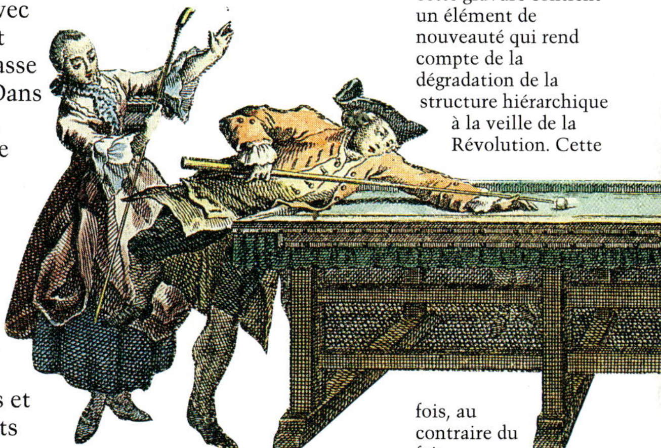

Ci-dessous, détail d'une gravure de la fin du XVIIIe siècle illustrant «ce qu'on fait à la Cour, le jeu du billard». Comme l'image de la page de gauche qui innovait en montrant un homme du peuple sans aucune allusion moqueuse, cette gravure contient un élément de nouveauté qui rend compte de la dégradation de la structure hiérarchique à la veille de la Révolution. Cette fois, au contraire du fait simplement représenté, il s'agit de filer la métaphore sexuelle classiquement attachée au jeu jusqu'à la rendre si crue qu'elle en devienne inconvenante, et avec elle les mœurs de la Cour qui font l'objet de la représentation.

Dernières parties de billard de l'Ancien Régime

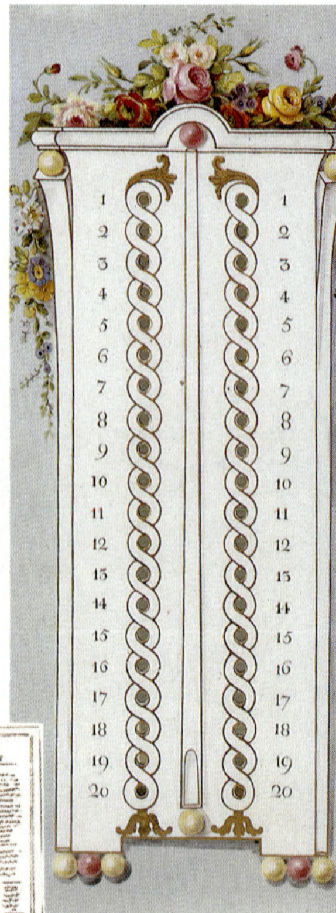

Hormis le Régent qui ne se plaît qu'aux jeux les plus corsés avec ses «roués», les habitudes de la maison de France autour de la table de billard sont conservées par Louis XV et Louis XVI. Selon les *Mémoires* du duc de Croy, le jeu de Louis XV, comme celui de Louis XIV son arrière-grand-père, commence immédiatement après le repas. Le roi préside une partie de billard avant de s'asseoir au jeu de cartes.

A côté de la chasse et de la serrurerie qui font ses passe-temps, Louis XVI joue régulièrement et se montre mauvais joueur. Conscient de son défaut, il se prive de jouer le lendemain s'il s'est emporté la veille. Allant jusqu'à ne plus paraître pendant huit jours dans sa salle de billard parce qu'il a été malhonnête au cours d'une partie avec M. de La Tour du Pin. Marie-Antoinette, issue de la cour d'Autriche, où l'ancienne étiquette imitée de Versailles est encore de mise, pratique le billard avec passion. Elle fait aménager une salle de billard dans un salon du Petit Trianon avant de faire construire le Hameau de la Reine avec une «maison du billard» où elle se rend presque chaque jour.

Après 1789, le couple royal, qui appartient désormais à la Nation, n'en a pas encore fini avec le «noble jeu». En octobre, les Etats généraux forcent le roi à quitter Versailles pour le château des Tuileries. Deux billards sont parmi le mobilier que l'on enlève des appartements pour meubler les

Tuileries. Dans la nuit du 10 août 1792, Louis XVI se juchera sur l'un d'eux pour haranguer le dernier carré de ses partisans qui tiennent déjà l'épée à la main. Il préfère se rendre à l'assemblée et éviter toute effusion de sang.

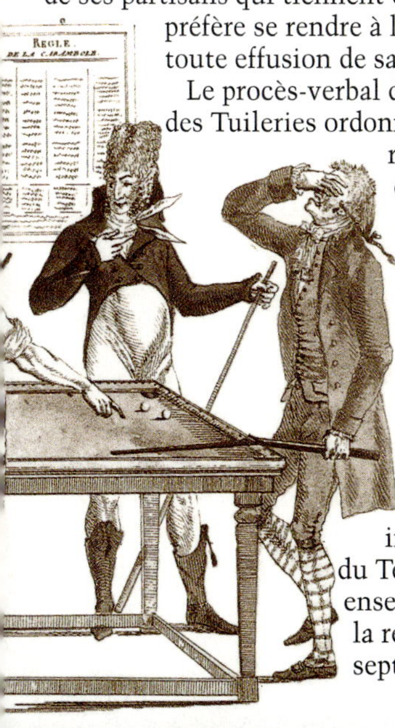

Le procès-verbal de la visite du château des Tuileries ordonnée par le tribunal révolutionnaire révèle enfin que le roi et la reine Marie-Antoinette ont utilisé leur billard jusqu'au dernier moment. Un livret trouvé dans la salle de billard et «servant à écrire les parties que le roi faisait avec son épouse» montre que l'avant-veille de leur incarcération à la prison du Temple, ils jouent encore ensemble dix parties «dont la reine en avait gagné sept».

Sous le Directoire, les nouvelles favorites du régime, Mme Tallien, Mme Hamelin et la toute jeune Mme Récamier, pratiquent le billard avec fureur pour accompagner leurs innombrables admirateurs surnommés les «incroyables». Pour accueillir cette jeunesse frivole, le financier Nicolas Beaujon fait construire un pavillon contenant une vaste salle de jeu à l'extrémité du faubourg Saint-Germain. Ci-dessus, *Partie de billard*, peinture de Giuseppe Piattoli (fin XVIIIe siècle). Au milieu, tableau de marques, accessoire du salon de billard de Louis XIV, plaque en porcelaine de Sèvres décorée par Levé.

Cette peinture sur soie est extraite d'un album sur la vie hollandaise à Déjima, au Japon (1797). Un recueil des récits de voyages de Fernão Mendes Pinto intitulé *Pérégrinations* nous apprend que les Portugais, qui furent les premiers Européens à aborder au Japon, en 1543, introduisirent le billard ainsi que divers autres objets dans ce pays au cours d'une autre expédition, conduite en 1560. Diego Zeimoto, un compagnon qui rédigeait la chronique de ce voyage, a noté à propos des Japonais : «Leur esprit étant très ouvert et leur dextérité manifeste, les artisans ont appris rapidement à faire eux-mêmes des mousquets et des arquebuses, et à sculpter les pièces du jeu d'échecs et confectionner les tables de billard et les accessoires de ce jeu.» Il est donc permis de penser qu'en dehors du jeu des Européens installés au Japon, tel qu'il est représenté sur cette gravure, les Japonais se sont intéressés au billard. Ce qui paraît d'autant plus probable qu'à l'intérêt initial manifesté au XVIe siècle répond aujourd'hui un état florissant du jeu de billard au Japon, dont la très importante fédération, groupant d'innombrables clubs, possède d'éminents champions.

Au XIXe siècle, l'invention du «procédé» de cuir suscite de nouvelles formes de jeu où s'exprime la rivalité entre Anglais et Français. Des deux côtés, il s'agit de faire place aux possibilités de réaliser la série. En supprimant les blouses, comme dans le jeu de carambolage. Ou en multipliant les billes et les opportunités de mise en blouse : solution inverse pour laquelle les Britanniques préfèrent opter. Il revient aux Américains d'ajouter la pointe de sel indispensable : la «série américaine».

CHAPITRE V
LA SÉRIE AMÉRICAINE

“Il resta immobile d'admiration; il avait beau lire le mot «café» écrit en gros caractères au-dessus des deux immenses portes, il ne pouvait en croire ses yeux. Il fit effort sur sa timidité; il osa entrer et se trouva dans une salle longue de trente ou quarante pas... Deux parties de billard étaient en train.”

Stendhal, *Le Rouge et le Noir*, 1830

Le «procédé» de Mingaud

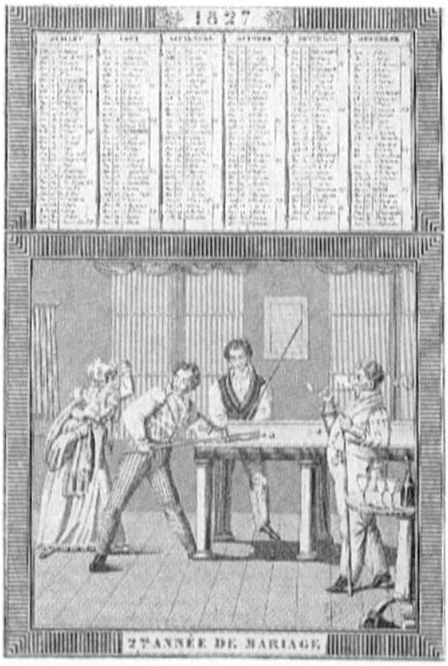

En 1823, un ex-capitaine d'infanterie des troupes impériales du nom de Mingaud se trouve dans les prisons de la Restauration. Ignorant tout du billard mais autorisé à jouer sur la table de sa prison, le prisonnier trompe si bien le désœuvrement de l'incarcération qu'il se passionne pour le jeu. L'anecdote voulant qu'à sa libération il prie le directeur de le garder encore quelques jours. Le temps de finir la mise au point de la magnifique invention du «procédé»...

L'invention de Mingaud est aussi simple qu'ingénieuse. Elle consiste à garnir le bout le plus effilé de la queue dont on se sert pour percuter la bille avec un embout de cuir fixé par de la colle. Jusqu'alors, les queues ont leur extrémité arrondie et émoussée par des hachures. D'autres plus luxueuses sont tout ou partie en ivoire. Mais, faible et irrégulière, leur adhérence ne permet pas de jouer autrement qu'en frappant au milieu de la bille. Sous peine de fréquentes «fausses-queues» qui font perdre le coup. Le procédé de Mingaud va révolutionner la technique de jeu.

Dès qu'il se sent capable de tirer un bon parti de son invention, Mingaud se fait libérer et part à la conquête de Paris. A en croire les journaux parisiens de 1824, il se présente aussitôt dans un des temples du billard professionnel sur le boulevard des Italiens et demande une table et des billes. Là, frottant contre le mur l'extrémité de la queue munie du procédé de son invention, il commence aussitôt une suite de carambolages en donnant toutes sortes d'«effets» à sa bille. Effets rétrogrades ou «rétros» par lesquels, chose encore jamais vue, la bille jouée repart à reculons après avoir touché une autre bille. Stupeur du public qui afflue pour prendre place dans la galerie.

“A une époque d'émancipation, où la femme réclame sa participation aux travaux comme aux plaisirs de son ex-suzerain et seigneur, depuis l'ode et le roman, jusques et y compris la cigarette, ce n'est pas un des moindres privilèges du jeu de billard que de se prêter à cette louable ambition. Les dames peuvent y trouver un délassement fort agréable, très propre surtout à mettre en relief les grâces de leur personne. [...] Plusieurs s'y distinguent par une adresse qu'envierait plus d'un talent masculin [...] et je me bornerai à rappeler que la duchesse de Berry se livrait à ce jeu pendant ses fréquents séjours à Rosny, et était parvenue à s'y rendre fort habile. Une faveur si haute accordée au billard ne pouvait manquer de le remettre à la mode au milieu de la cour brillante qui entourait la duchesse; aussi, depuis, le billard est-il un accessoire obligé de la vie de château.”

Le Billard, anonyme, 1846

En haut à gauche, «deuxième année de mariage», calendrier illustré de 1827. A droite, *Le Billard*, tableau de Louis-Léopold Boilly (1807).

Dans un salon anglais

En Grande-Bretagne, comme en France, le billard représente le *nec plus ultra* du jeu approprié à la vie d'intérieur. C'est un moment de délassement auquel hommes et femmes peuvent participer, pourvu que certaines conditions soient remplies. Ce que montre parfaitement cette gravure de Rowlandson (1812), qui apparaît comme une véritable leçon de savoir-vivre, illustrant une situation de totale bienséance. Soit, quatre jeunes *ladies*, pas moins, pour se partager la compagnie d'un unique *gentleman*. Sans oublier un enfant, pour garantir, s'il le faut encore, qu'en cette compagnie les bonnes mœurs sont respectées. On remarquera que, comparées aux gravures françaises de la même époque (page précédente), ce genre de moralité illustrée marque l'orientation plus puritaine des mœurs d'outre-Manche. Cette différence vaut d'autant plus d'être notée qu'elle annonce une voie originale dans la manière d'envisager le jeu, qui prendra forme dans les années suivantes – au cours du règne de la reine Victoria – avec le jeu amateur, où les enjeux d'argent sont bannis.

Au club

Cette gravure de 1822, d'après Cruikshank, intitulée «La Vie dans une salle de billard, ou Dick Wildfire et le bourgeois Jenkins "au fait" des manières parisiennes», montre qu'en l'absence d'un élément féminin ce sont les règles de l'affrontement autour du tapis vert qui donnent matière à rivaliser d'opinions quand on se retrouve au club. Traitée avec l'humour dont savent faire preuve les Anglais, l'affaire, qui ne sort pas du cadre des bonnes manières, est l'occasion d'égratigner la prééminence que les Français ont acquis dans l'art des règles de conduites et de jeu. La chose ne pouvant être niée, on en dénonce l'excès : ce sont donc Dick Wilfire et le bourgeois Jenkins qui, faute de pouvoir se justifier posément par un raisonnement pratique, se donnent le ridicule de s'emporter jusqu'à faire un pied de nez. Dont on imagine qu'il résume les «manières parisiennes» aux regards, plus étonnés qu'indignés, de la brochette de *gentlemen* qui les voient sortir; en se disant, pour sûr, que cette arrogance, qu'ils prêtent volontiers aux Français, est vraiment déplacée, quand il s'agit de débattre de la bonne façon de jouer!

Défi lancé par le maître de billard du lieu. Défaite sans appel de celui-ci. Du jour au lendemain, Mingaud s'est rendu célèbre.

La craie de Mr. Carr

En 1824, John Carr, sujet britannique et joueur de billard professionnel, met dans le commerce de petits sachets de craie qui permettent de se passer de frotter le procédé sur un mur. Amélioration pratique du genre dont pendant longtemps les Britanniques semblent avoir seuls eu le secret : ses sachets de craie valent à Mr. Carr la célébrité dans son pays. Dans les *Annales du sport*, périodique publié à Londres, Pierce Egan un journaliste sportif qui fait alors autorité, va jusqu'à réclamer pour Carr l'invention du *side stroke* ou «effet de côté».

Manière d'associer l'Angleterre à la révolution que le procédé apporte dans le jeu de billard. Mais aussi, pour le journaliste qui ne craint pas d'agiter la fibre nationale, manière de revendiquer la paternité de l'ensemble des conséquences de l'invention du procédé, comme certains chroniqueurs anglais qui exploitent la controverse et affirment qu'un Mr. Bartley, tenancier de salle de billard et patron de John Carr, est le véritable inventeur de l'effet rétrograde.

Ci-dessus, couverture de l'édition anglaise du *Noble Jeu de billard*, par Mingaud, 1836.

Il en faut plus pour démonter un soldat de Napoléon. Mingaud maintient qu'il est le premier inventeur du procédé, ainsi que de toutes les attaques de bille qu'il permet : le «rétro» comme l'effet de côté. Finalement, l'opinion publique tranche en sa faveur et, en 1831, la firme John Thurston, principal fabricant de billards britanniques publie en anglais, *Le Noble Jeu de billard,* traité de M. Mingaud, ancien capitaine d'infanterie au service de la France, où sont expliqués «les effets surprenants et extraordinaires qui ont excité l'admiration de la plupart des souverains d'Europe».

La «série» de Paysan

Rétros, coulés, massés, effets de côté, effets contraires : la nouvelle école de jeu apparue avec l'invention du procédé va vite en besogne pour tirer parti de l'invention de Mingaud. Charlier, Michelet, Monzeg, Mingaud lui-même sont les noms de ceux qui brillent alors par leurs «effets de queue». Mais, dès 1825, MM. Noël et Paysan s'attirent les faveurs du public en se lançant des défis qualifiés d'homériques par la presse.

Face aux talents de leurs prédécesseurs, à leur capacité de faire parcourir aux billes les trajets les plus inouïs sur le

«Non môssieur, ce n'est pas parce que j'ai un gros ventre que je ne joue pas au billard; c'est parce que je trouve que c'est un jeu qui n'est pas intellectuel!»
Caricature (ci-dessous) de C. Huard, 1898

tapis, Paysan surtout apporte une conception toute nouvelle.

Utilisant la palette des effets seulement quand ils sont nécessaires, il invente la «série». Un chroniqueur de l'époque rapporte la chose ainsi : «Paysan s'est fait remarquer par le talent maintenant si perfectionné de rassembler les trois billes pour en tirer ensuite sans les éloigner une série de carambolages qui ne laisse à l'adversaire que le loisir de demander *Le Moniteur*».

Paysan, qui n'est pas précisément modeste, se fait appeler le «Napoléon du billard». On se rend compte de son talent en comparant les points obtenus par les joueurs au cours d'une partie avant et après lui. Au XVIIe siècle, la partie «ordinaire» se joue en 12 points. Un traité de billard de 1718 mentionne 16 points. En 1788, la plus longue partie citée dans le *Hoyle's Games* se joue en 24 points.

A comparer avec la série de Paysan, qui est capable de réussir 25 carambolages d'affilée en 1825!

Ci-dessous, une publicité pour le matériel de jeu de la manufacture John Thurston, qui appartient à plusieurs titres à l'histoire du billard moderne. Cette maison, qui reste le premier fabricant de billards d'Angleterre, peut, en effet, s'enorgueillir d'avoir été la première à mettre en œuvre des inventions essentielles au développement du jeu au début du XIXe siècle.

La partie de la «poule»

Pendant que la petite république des professionnels du billard perfectionne la partie de la carambole et crée le jeu moderne, les gros bataillons des amateurs s'adonnent à la partie de la «poule» : forme de jeu dérivée du jeu de la Guerre en faveur au XVIIe siècle. *Le Billard*, ouvrage anonyme publié en 1830 en donne la règle. Les joueurs tirent au sort leur rang d'entrée dans le jeu et jouent à tour de rôle alternativement sur une bille puis sur l'autre. L'objectif de chaque joueur étant de «faire» la bille adverse en la blousant. La bille est alors réputée morte et le joueur qui a joué avec elle le coup précédent prend une marque. Après qu'une bille est «faite», les autres sont «relevées». Le joueur dont c'est le tour donne alors son «acquit», en remettant en jeu une bille sur laquelle le suivant joue. A la poule, on prend aussi une marque pour les infractions à la règle. Parce qu'on «manque de touche» sur la bille adverse, qu'on fait sauter sa bille, etc. Quand on est entre neuf et douze joueurs, trois

A Billiard Table. 4. A Pool Marking board. 5. A high Seat

HERINE STREET, STRAND, LONDON.

John Thurston fut le premier éditeur de l'ouvrage de Mingaud présentant la manière de produire l'effet et de s'en servir; il fut aussi l'initiateur de la substitution des bandes en caoutchouc aux anciennes bandes de cuir et de tissu.

marques font mourir une bille. Entre treize et vingt, il faut deux marques. A plus de vingt, une marque suffit.

La poule et l'argent

A côté de ces quelques règles qui donnent l'organisation générale du jeu, d'autres viennent compliquer le cours de la partie et lui donner les caractères du jeu d'argent. Article premier de la règle de 1830 : «Les règles de ce jeu s'exercent à la rigueur, sans concessions.» Article 4 : «Le joueur dont la bille est morte avant qu'une autre soit marquée peut la reprendre sous le même numéro en déposant une nouvelle mise.» Article 10 : «Un joueur dont la bille est morte peut rentrer dans la poule s'il trouve à racheter la bille d'un autre.»

Ces procédures d'achat et de vente au cours de la partie vont beaucoup plus loin. Il est une possibilité pour chacun des joueurs, si essentielle au caractère de la poule, que la règle de 1830 ne la mentionne qu'indirectement au titre des fautes qui font prendre une marque. «Lorsqu'on avertira quelqu'un des joueurs de prendre à faire. Dans ce cas le joueur qui aura donné l'avertissement sera marqué, et non la bille faite.» Ce qui signifie qu'un des joueurs peut «prendre à faire» une bille à tout moment. Il se substitue alors au joueur dont c'est le tour en s'engageant à faire la bille (la mettre dans une blouse) ou sinon à prendre une marque. Le joueur dont on prend ainsi le tour n'ayant pour seul recours que de prendre lui-même «à faire» en se soumettant aux mêmes conditions. On peut imaginer l'ambiance d'un tel jeu. Les mouvements des hommes autour de la table, l'intensité du silence qui précède l'exécution de chaque coup, l'indispensable marqueur qui crie le point. Les moments importants, les exclamations au milieu desquelles le jeu s'échauffe. Le joueur décidé à se risquer qui laisse fuser un «je prends à faire». On comprend aussi que les cafés où trône un billard inscrivent à leur devanture «ici on joue à la poule».

❝A la poule, le hasard avait donné à Lucien la bille numéro 6. Un grand jeune homme silencieux, apparemment adorateur muet de la maîtresse de la maison, eut le 5, et madame Grandet le numéro 4. Leuwen essaya de tuer le 5, réussit, et se trouva par là chargé de jouer sur madame Grandet et de la faire perdre, ce dont il s'acquitta avec assez de grâce. Il tentait toujours les coups les plus difficiles et avait le malheur de ne jamais faire la bille de madame Grandet et de la placer presque toujours dans une position avantageuse. Madame Grandet était heureuse.❞

Stendhal,
Lucien Leuwen,
1836

La carambole et le «progrès»

La préférence marquée des joueurs de billard du XIXe siècle pour le jeu de la poule perpétue en fait la manière d'envisager le jeu de billard depuis qu'il existe. Jeu permis, jeu entre personnes privées et libres, jeu d'argent, d'enjeux et de paris : le billard est une

Le billard est un doux délassement adopté par le monde élégant comme par la société plébéienne. On fait une poule pour tuer le temps, donner de l'exercice au corps et reposer l'esprit.

manière de donner un prix à la sociabilité. Sans lequel elle aurait moins de saveur.

Face à ce redoutable rival qui incarne la plus ancienne tradition du billard, le jeu de carambole dispose de quelques atouts qui en font le jeu préféré des Français dans la seconde partie du XIXe siècle. D'abord, la carambole n'est pas dépourvue d'un puissant ancrage traditionnel, par opposition aux éléments de chance qui sont multipliés dans la poule, elle montre une face du jeu tournée vers l'expression de l'adresse pure qui transparaît déjà dans la «partie ordinaire» du XVIIe siècle.

Héritière de cette dernière, résultat des améliorations du matériel de jeu et des innovations dans les règles qui en découlent au XVIIIe siècle, la carambole naît de la volonté de progrès. L'esprit dans lequel s'en saisissent les Mingaud, Paysan et tous les novateurs qui créent les bases du jeu moderne fait écho au projet encyclopédique d'amélioration de toute chose qui prend son ampleur avec la révolution industrielle du XIXe siècle.

L'argent de la carambole

Outre son accord avec l'esprit de l'époque, la partie de carambole peut rivaliser avec la poule sur son propre terrain. Forme de jeu expérimentale, qui privilégie l'innovation et la performance, la carambole est la chasse

Le billard est une spéculation : le joueur *fort* engage une partie à 5 fr., et a soin d'en perdre plusieurs pour pouvoir proposer *quitte ou double*; alors il gagne à coup sûr son trop faible adversaire.

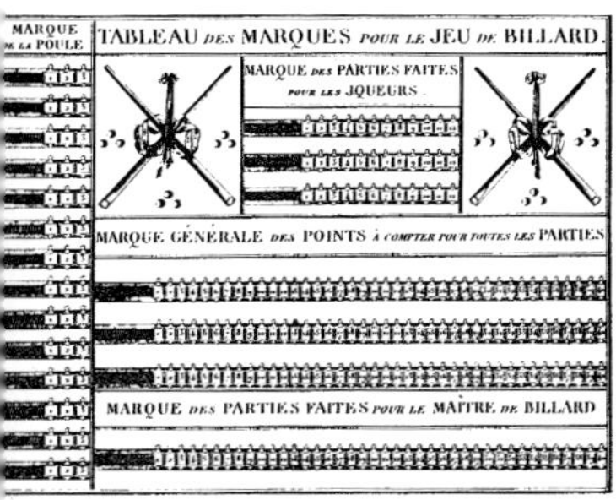

gardée des joueurs professionnels et des organisateurs de tournois. Ces derniers ne s'y trompent pas. Avec de tels atouts, qui sont en vérité ceux de la compétition pure, se trouvent réunis les ingrédients du spectacle populaire de l'avenir.

L'innovation, la précision, l'adresse, le progrès : autant d'articles de foire, de nouveautés dont le public est friand. Si bien qu'à côté de l'argent mis en jeu entre personnes privées dans la partie de la poule les exploits de Mingaud et des champions qui lui succèdent occasionnent le développement d'une forme de jeu d'argent mi-privée, mi-publique sur le modèle des activités de paris organisés des *bookmakers* anglais.

A l'heure où le mot d'ordre dominant est le célèbre «Enrichissez-vous!» de M. Thiers, les paris engagés par les spectateurs de la galerie sur leur champion deviennent plus attractifs encore que les enjeux collectés à la poule. C'est cette pratique qui remplit les fauteuils de galerie! Ce sont les prélèvements sur les paris qui paient la réclame des journaux et font vivre les salles de billard! Autant dire que la

❝Quand vous apercevrez, le soir, une enseigne constituée de deux queues de billard disposées en croix, avec les mots «ici on joue à la poule», entrez. Vous serez dans le temple dont la divinité ne tardera pas à paraître. Du milieu des hommes dont l'œil suit la bille qui roule avec anxiété, s'échappera parfois une fusée de mots révélant tout à coup la présence d'un homme supérieur par son talent, d'un maître enfin. Ne craignez pas de vous tromper, c'est bien lui, le général, le prince, le roi, l'empereur du billard.❞

Encyclopédie Larousse du XIXe siècle

Au milieu, «intérieur d'estaminet», dans le *Journal du dimanche.* En bas à gauche, un «tyran d'estaminet», 1850.

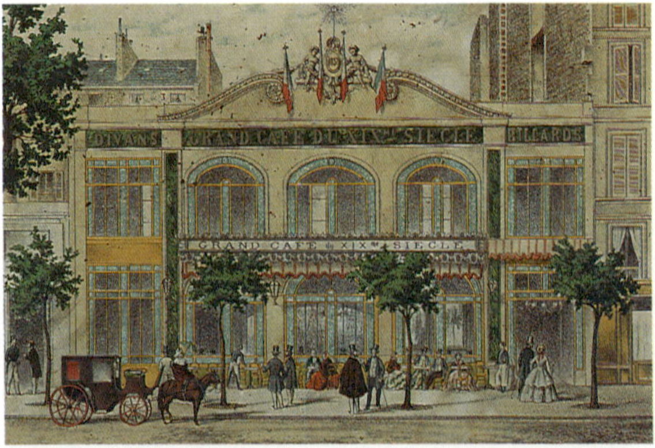

carambole allie les avantages de l'enracinement dans la tradition, le progrès et l'argent.

Mais trop de perfections nuisent. Elles portent en elles les germes d'une évolution incontrôlée qui va conduire à la suppression de toutes formes de paris organisés en dehors des jeux sous monopole de l'Etat.

Qu'il s'agisse du Grand Café de Paris (ci-contre), d'une salle de billard en Autriche, à Vienne (aquarelle page de droite), ou des nombreuses salles comportant souvent plus de vingt tables de jeu qu'on trouvait dans toutes les grandes villes du monde occidental, on est frappé de voir que l'expansion de cette institution du monde moderne qu'est le café continue d'avoir partie liée avec l'offre de table de billard jusqu'à la fin du XIXe siècle. Ci-dessous, une joueuse allemande battant un adversaire masculin, dans un hôtel de Londres, en 1871.

On supprime les blouses

Vers 1850, les organisateurs de tournois professionnels parisiens, soucieux de donner un spectacle toujours neuf à leur public, décident de tirer parti des développements extraordinaires que connaît le jeu de la série. Ils imaginent une partie où les champions s'affrontent uniquement à coups de carambolage. Sans plus jouer la mise en blouse de la bille adverse.

Pour rendre bien visible la nouveauté, on fait construire un billard sans blouses. Un pas est franchi. Le nouveau jeu a d'emblée un formidable succès. Chacun voulant s'y essayer, les académies de billard et les salles de café les plus renommées s'équipent.

“Il n’est si petit cabaret de village qui ne possède un billard; dans les villes ils ne sont pas moins nombreux. A Paris, certains établissements possèdent dix, vingt, trente billards qui sont constamment occupés. Certains de ces cafés jouissent encore d’une grande célébrité par les maîtres en l’art de jouer qui les fréquentent, et qui donnent des leçons à ceux qui veulent s’y perfectionner. Sous le Second Empire, les cafés du Grand Balcon, l’Estaminet de Lyon, le café des Mille Colonnes, le café de l’Opéra, l’Estaminet de Paris ont eu comme habitués de valeureux champions. Paysan, qui a créé la série; Berger, Désiré, Sauret, l’inventeur du coup d’effet à droite et à gauche [ci-dessous, les frères Berger].”

Encyclopédie Larousse du XIXe siècle

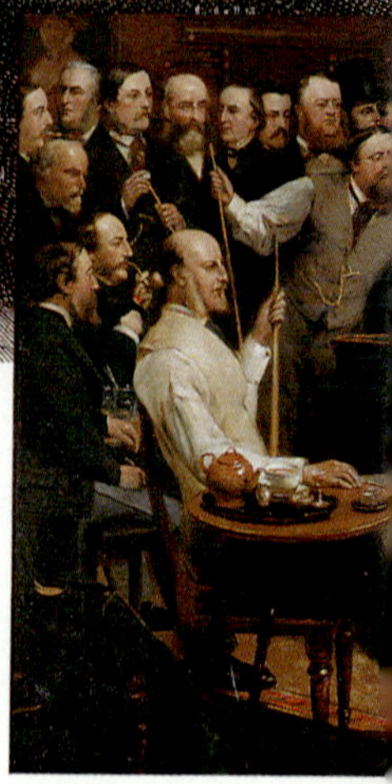

En 1860, le Café de Paris ouvre ses portes avec ses cinquante tables sans blouses.

Pourtant, les débuts ne sont pas très probants. Les parties jouées dans les années 1850 tournent autour de séries médiocres. En 1855, à San Francisco, le Français Damon est opposé à l'Américain Phelan, inventeur de la bande en caoutchouc galvanisé. La partie sur billard sans blouses se termine par une victoire du joueur français avec une meilleure série de 9 points. Devant de tels résultats, on pense que la série de 50 points est un horizon à jamais indépassable et les détracteurs se montrent nombreux face au nouveau jeu.

La partie de la «pyramide»

Contrairement aux Américains qui accrochent tout de suite, les Britanniques se rangent dans le camp des détracteurs. A côté de la partie de carambole à laquelle ils sont restés fidèles et qui prend en Grande-Bretagne le nom d'*english billiard*, les Anglais inventent une manière de jouer radicalement nouvelle sur la base du jeu contre la bille adverse qu'ils se sont refusés à abandonner. La partie de la «pyramide» qui apparaît autour de 1860 se joue en effet avec une bille blanche et quinze billes colorées : sept billes rouges, sept jaunes et une noire. Les joueurs jouent alternativement avec la blanche. L'un jouant les billes jaunes, l'autre les rouges, la noire devant être blousée la dernière. Sous peine de perdre la partie pour celui qui la blouse avant.

Basée exclusivement sur la mise en blouse la partie de la pyramide (*pool*) est comme une réponse diamétralement opposée au jeu de carambolage. La série, qui est la pierre de touche de la modernité, se retrouvant à travers la règle qui permet de rejouer après une mise en blouse réussie. Possibilité qui

conduit rapidement les bons joueurs à se rendre capables de blouser les quinze billes d'affilée.

La «série américaine»

L'essor du jeu de carambolage appartient désormais aux Français et aux Américains. Ils montrent rapidement que le jeu de la série n'a pas dit son

A gauche, championnat Cook-Roberts, à Saint James' Hall, en janvier 1870.

«L'Angleterre à cette époque nous opposait un joueur d'une rare habileté, Roberts, du club de Manchester, qui gagna une partie restée célèbre dans les annales du billard. Il jouait contre un Américain, et l'enjeu était de 25 000 francs; plus de 500 000 francs étaient engagés dans des paris faits par des spectateurs qui avaient payés 75 francs le droit d'obtenir une place et de former galerie.»

Encyclopédie Larousse du XIXe siècle

Ci-contre, *Partie de pyramide*, tableau de Henry Nelson O'Neill (1869). Tout en restant fort surpris de ces mœurs, qui furent aussi celles des Français du siècle dernier alors qu'elles ne sont plus nôtres, on ne doute pas un instant que les messieurs bien convenables représentés sur cette peinture ont eux aussi payé leur place et engagé des paris sur la partie dont ils admirent le déroulement.

dernier mot. Dans les années 1860, un professionnel parisien du nom de Venance réussit déjà des séries de 40 et 50 points. D'autres, comme les frères Berger, dépassent rapidement ce cap.

En 1869, Rudolph, joueur professionnel venu d'Amérique, lance un défi à Ubassy, alors reconnu le premier parmi les joueurs parisiens. Ubassy réussit une série de 132 points. Rudolph les compense en réalisant quatre séries au total de 200 points, plus une série de 103 pour finir la partie. En 1873, le premier championnat d'Amérique est organisé à l'Irving Hall de New York en 300 points. Le Français Albert Garnier gagne avec une plus longue série de 103 points.

Au milieu des années 1870 une nouvelle étoile se lève. Le joueur Maurice Vignaux devient champion incontesté. Il bat tous les autres et gagne une réputation d'invincibilité.

En 1880, un match mémorable oppose Vignaud au champion américain Slosson. Le tournoi a lieu

à Paris dans la salle Valentino du Grand Hôtel en la présence du président de la République Jules Grévy. Slosson manque mettre à bas la réputation naissante de Vignaux. Au cours de la première journée, il réussit à rassembler les trois billes en position dominante près d'une bande et aligne sans désemparer une série de 1103 carambolages. Vissé sur son siège, Vignaux est le spectateur le plus attentif de cet exploit. Il passe la nuit suivante à travailler les enchaînements de la nouvelle série. Quand son tour vient de jouer, à la reprise du lendemain, il assure une trentaine de carambolages avant de réussir le rassemblement des billes dans la position obtenue par Slosson la veille. Il exécute alors une série interrompue après 1531 points qui lui permet de sortir vainqueur de sa première rencontre avec la «série américaine».

“Vignaux a battu successivement les plus forts joueurs des deux mondes; en 1875, il bat Slosson; en 1876, le célèbre Américain William Sexton; en 1879, Garnier, Daly et Piet; en 1880, Slosson vient à Paris et, dans une partie de 4 000 points [représentée ici], dispute à Vignaux la coupe du championnat, restée au joueur français qui exécute une série de 1531 points; en 1883 et 1884, il bat les Américains Shaefer et Slosson et fonde au café Mangin une académie de billard.”

Encyclopédie Larousse au XIXe siècle.

“L'Indifférent. L'indifférent saute aux yeux dès qu'il arrive. Aussitôt dans la salle de billard, il prend la première queue venue, sans s'occuper si elle est longue ou courte, grosse ou mince, lourde ou légère, et il carambole sans mettre de blanc.”

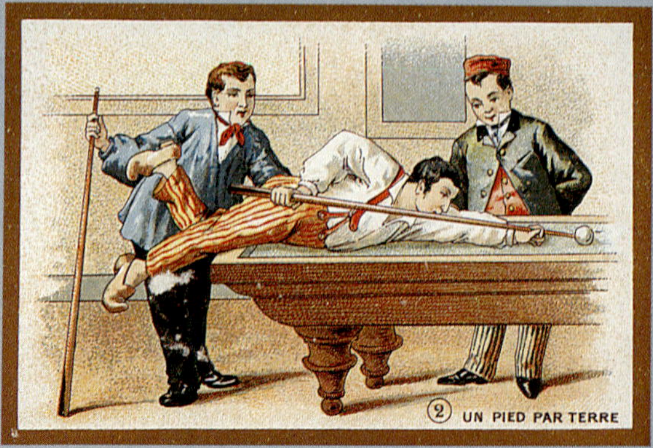

“Le Généreux et le Cupide. Lorsqu'un joueur a une avance considérable, il fait preuve de générosité en essayant les coups au-dessus de sa force. Si son adversaire a du tact, il lui en saura gré. Mais, si c'est un rustre, et si les camps sont changés, vous êtes sûr qu'il sera sans pitié, jouant une «carotte» effrénée afin de maintenir son avance.”

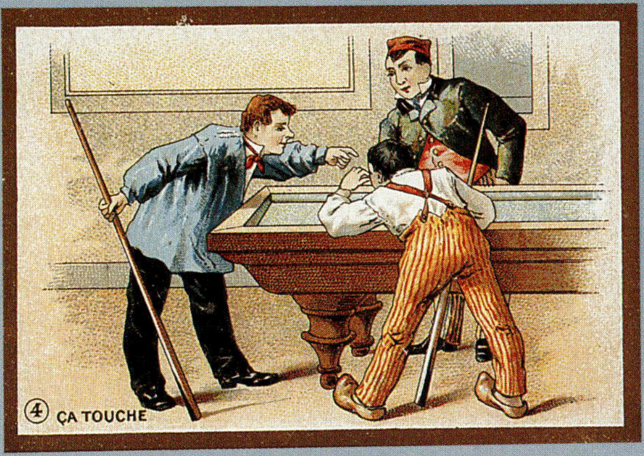

«L'Avare.
Le rétrograde est l'âme de la série, mais pour le bien réussir, il faut un coup de queue d'une élasticité particulière et surtout d'une grande franchise : «Lâchez le coup, et la bille n'en reviendra que mieux!» Or lui, l'avare, ne lâche pas le coup avec la franchise nécessaire.»

«L'Audacieux.
Quelle différence dans l'exécution du même coup (le rétrograde) par l'homme audacieux. Les billes à peine arrêtées, il se cambre sur les jambes, fait faire deux ou trois balancements à sa queue pour en assurer l'élasticité, et lâche le coup avec une franchise telle qu'on a l'impression qu'il va transpercer les deux billes. Aussi, avec quelle célérité revient sa bille. C'est surtout dans le rétrograde que l'homme hardi se révèle et cela s'explique par la nature de ce coup, qui demande du calme, du sang-froid et une certaine désinvolture.»

Georges Suard,
La Billardomancie, ou le caractère de l'homme révélé par le billard, 1927

Au tournant du XXe siècle, l'Etat français instaure un monopole sur les jeux d'argent. Les bases économiques du billard professionnel sont ruinées, mais les derniers moments sont riches en inventions : parties au «cadre» et au «trois-bandes». Aux amateurs, qui s'organisent en associations nationales et internationales à partir de 1903, il faut plus de trente ans pour rejoindre les performances des professionnels. Pourtant le billard reste un jeu de l'avenir. Aujourd'hui, plusieurs millions de joueurs pratiquent le billard sur les cinq continents.

CHAPITRE VI

LE TEMPS DU SPORT

Au moment où il atteint son apothéose, le billard recule sous l'opprobre jeté sur les relations entre le jeu et l'argent. Image de rêve d'un âge d'or passé, le jeu bascule dans le spectacle et devient un accessoire des décors de cinéma. A gauche, le champion Willie Hoppe, à Hollywood, en train de montrer comment on se sert d'une queue à l'actrice. Anita Page (années 1940).

L'«américaine» tue le spectacle

En 1825, il suffit de 25 points de série à Paysan pour forcer l'adversaire à se saisir du journal afin de ne pas s'endormir. On imagine combien les séries réalisées par les joueurs qui maîtrisent l'«américaine» peuvent décourager le spectateur le plus sincèrement passionné. Un phénomène qui plonge les organisateurs de tournois français et américains dans le plus vif embarras.

Au début des années 1880, Edmond Graveleuse, joueur amateur mais bon connaisseur des milieux du billard professionnel, propose une nouvelle forme de jeu pour pallier cet inconvénient. Il suggère de tracer sur le tapis des lignes parallèles à chacune des bandes. De manière à délimiter huit compartiments (les «cadres») adjacents à une ou deux bandes, plus un neuvième au centre : l'idée consistant à interdire de faire plus de deux points d'affilée dans le même compartiment; l'indépendance totale des joueurs étant maintenue dans le compartiment central.

La série «à la ligne»

Un premier tournoi à lieu en 1883 au Central Music Hall de Chicago. Le cadre est tracé à 20 centimètres des bandes. La série américaine n'est plus possible. Mais les joueurs les plus expérimentés réussissent à tourner la difficulté. Ils inventent la série «à la ligne», qui consiste à rassembler les trois billes non plus auprès de la bande, mais sur une des lignes délimitant le cadre.

Ensuite, on procède comme pour l'américaine :

«La série de la ligne est une application heureuse de la série dite «américaine». Dans cette série, les billes 2 et 3, très rapprochées, sont à cheval de part et d'autre de la ligne de cadre et disposées de manière que la ligne qui passe par leurs centres ne coupe pas le cadre à angle droit. La bille 1, avec laquelle on joue, devant toujours se retrouver placée en sorte de former un triangle avec elles. Pour conserver cette disposition, jamais la 2 et la 3 ne doivent traverser la ligne. Ce rôle étant réservé à la bille 1, qui la franchit, à chaque coup, d'un côté puis de l'autre, en se plaçant toujours de façon à conserver le triangle.»

D'après Maurice Vignaux, *Le Billard*, vers 1900

Garder les billes en triangle et très rapprochées, le long d'une bande ou d'une ligne de cadre tracée en parallèle, tels sont les principes fondamentaux de l'exécution de la série «à la ligne» et de l'«américaine». On comprend que, sans parler des coups trop vifs qui ont pour conséquences l'éloignement des billes, les complications guettent. Il est fréquent, après un coup trop appuyé, de voir se défaire le triangle au profit d'une formation où les billes 1, 2 et 3 sont alignées; en sorte que la bille 2 masque partiellement ou totalement la bille 3. Le jeu en finesse n'étant plus possible, c'est alors le moment d'envisager le «massé». Ci-contre, un massé joué lors de la partie au cadre du championnat France-Belgique, en 1920.

Le billard peint

Au tournant du XXe siècle, la table de billard gagne sa place dans les compositions des peintres post-impressionnistes. Page de gauche : *Le Billard*, Vallotton, 1902. Page de droite : en haut, *Café de nuit à Arles*, Van Gogh, 1888 ; en bas, *Au café*, Gauguin, 1888. Double page suivante : en haut à gauche et à droite, deux variations sur le billard extraites d'une série de six pièces de Georges Braque, 1945; en bas à gauche, *Le Billard*, Caillebotte, vers 1910.

De part et d'autre des tables

Dans les tableaux de Van Gogh, de Vallotton de Gauguin, de Caillebotte, le billard est d'abord une table plus vaste que les autres, un entablement, ou un attablement. Il ne s'agit plus de montrer une partie de billard, de poursuivre la lente élaboration qui, aux siècles précédents, a construit une relation d'évidence entre le billard et l'art de se conduire en société; mais, dans un mouvement de dégoût peut-être, de faire valoir l'incessant calcul, l'ininterrompu ressassement des règles qui, de la table de billard à celle du café, du salon ou du club, ne cessent de tisser, par le jeu aussi bien que par la conversation d'affaire ou le badinage, une trame, désormais ressentie comme trop resserrée, qui entrelace les différentes fibres de trop humains intérêts : guerre, amour, argent, rendus comme interchangeables ! Comme si, de la métaphore constructive, qui allait du mouvement des billes à la représentation de la rivalité érotique entre les joueurs, il ne restait que le chuchotis des billes et des propos, faisant circuler à bruits feutrés la combinaison infinie des rivalités d'intérêts.

de manière à faire avancer les billes sur la ligne en conservant toujours la position dite de la «dominante» ou des variantes permettant de la rétablir. Dès lors, la nécessité de faire franchir la ligne à une des billes tous les deux coups trouve une solution : les billes restant toujours à cheval de part et d'autre de la ligne de cadre.

Shaefer sort vainqueur du tournoi de Chicago devant sept adversaires. Il totalise six victoires, avec une moyenne générale de plus de 23 points par reprise et une meilleure série de 220. Vignaux le suit avec une moyenne de 22 et une série meilleure encore avec 246 points. Pour répondre à la capacité d'adaptation des joueurs, les organisateurs décident d'augmenter la difficulté. Le tracé du cadre est porté à 35 centimètres des bandes en 1890, puis à 45 en 1896.

Le cadre de 45/1, le 45/2 et le «carré additionnel»

Ci-contre, Shæfer père, jouant une partie au cadre en 1908 aux Etats-Unis.

L'imprésario français Maurice Daly exploite l'idée le premier. En portant le tracé des lignes du cadre à 45 centimètres des bandes, il entend donner un piment supplémentaire à une suite d'exhibitions qu'il organise aux Etats-Unis. Trois des meilleurs joueurs français doivent s'affronter : les professeurs Yves, Shaefer père dit «le Sorcier» et Garnier.

Daly se montre décidé à étonner le public américain. A la nouveauté du cadre de 45 centimètres, il ajoute encore une zone d'interdiction. Le «carré additionnel» qui prend pour l'heure le nom

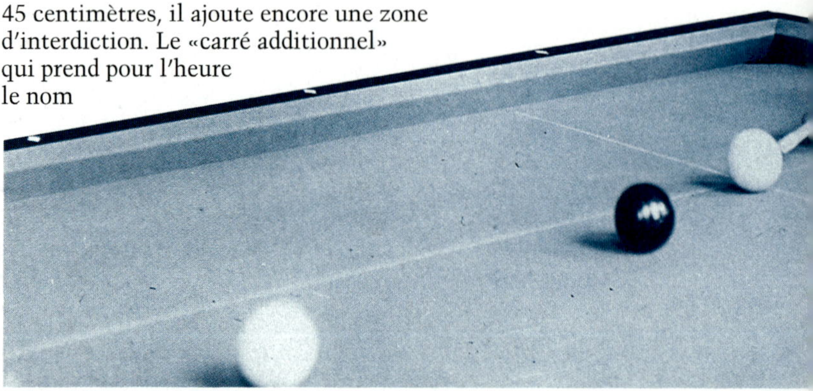

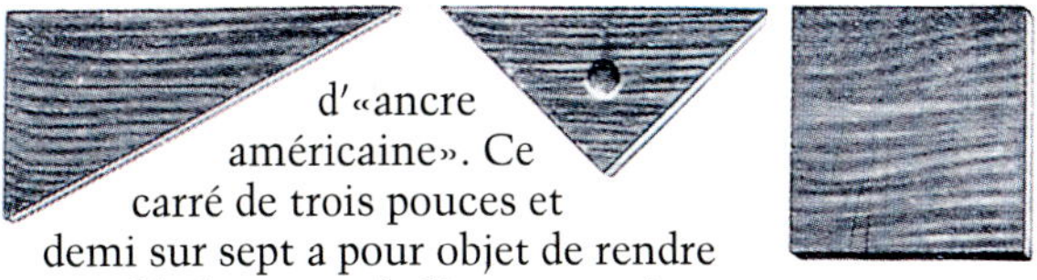

d'«ancre américaine». Ce carré de trois pouces et demi sur sept a pour objet de rendre injouable le «coup de l'ancre», qui consiste à placer les billes au point où la ligne de cadre touche à la bande, pour caramboler en finesse dans un mouvement d'aller et retour. On obtient ainsi une série aussi longue qu'insipide.

Un premier tournoi au cadre de 45/2 est livré à New York. Les joueurs se trouvant contraints de franchir le cadre après deux carambolages. Joué en 1896 au Madison Square Garden, ce tournoi est remporté par Yves.

Pour corser encore un second tournoi organisé la même année à Chicago, les joueurs sont astreints au cadre de 45/1.

Ci-contre, formes en bois servant à tracer les différentes «zones d'interdiction». Les deux formes triangulaires sont utilisées pour les coins, le carré pour tracer la zone d'interdiction située aux intersections des lignes de cadres et des bandes.

Ci-dessus, le champion japonais Sasaki, lors d'un tournoi de partie au cadre à Tokyo (dans les années 1930). A cheval sur la petite bande, on voit le tracé des carrés additionnels d'interdiction, aussi appelés «ancres américaines».

La distance des lignes par rapport aux bandes ne change pas. La nouveauté venant de l'obligation de franchir la ligne après un seul carambolage.

Billard, dollars et courtoisie

Le cadre de 45/2, plus facile, connaît une carrière durable. En 1902, le premier championnat de France professionnel est organisé dans une salle du Grand Hôtel de Paris. Vignaux triomphe avec une plus forte série de 176 et une moyenne de plus de 21. Le succès de ce championnat conduit la société américaine Balke et Collender, dont l'activité principale est la fabrication de billards, à organiser un championnat du monde professionnel permanent. Le premier championnat a lieu dans la même salle du Grand Hôtel de Paris, en 1903. Cure et Vignaux représentant l'Europe et Sutton et Slosson les Etats-Unis.

La désignation du vainqueur rencontre quelques difficultés. Le règlement des organisateurs américains prévoit en effet qu'en cas d'égalité de victoires un match de barrage départagera les joueurs ex-æquo. Or, Vignaux qui a remporté deux matchs et perdu une fois se trouve à égalité sur ce plan avec Cure et Sutton. Mais, arguant de sa moyenne générale supérieure, Vignaux ne l'entend pas de cette oreille. Il envoie du papier timbré et obtient gain de cause après trois mois de palabres judiciaires devant le tribunal de la Seine. Pour mettre bonne mesure, Vignaux accepte ensuite un défi de Sutton. Le match a lieu devant le président de la République Maurice Rouvier. Vignaux gagne avec une chance insolente en réussissant les 500 points après que Sutton s'est arrêté à 496, empochant 1 000 dollars-or qui reviennent au gagnant.

Ci-dessous, gros titre à la une du *Billard illustré* sur le match défi Vignaux-Hoppe au Grand Hôtel, le 20 janvier 1906.

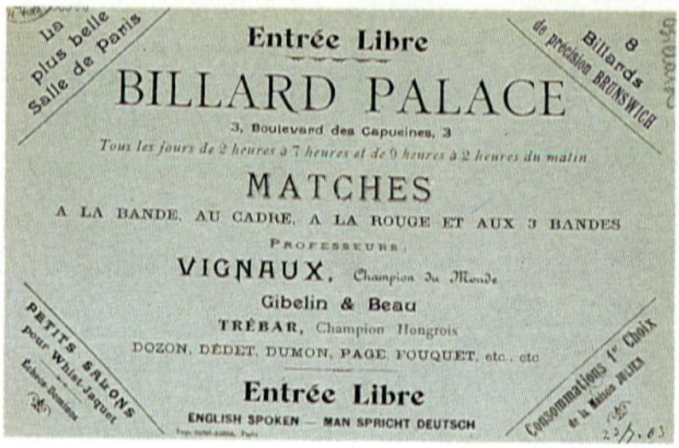

Ci-dessus, prospectus annonçant des matchs «à la bande, au cadre, à la rouge et au trois bandes» au Billard Palace, boulevard des Capucines, à Paris. Page de droite, en haut, la une du *Billard illustré* de janvier 1910.

L'excès d'argent tue le billard traditionnel

L'influence probable des méthodes d'organisation américaines, le déroulement des matchs dans les plus luxueux des grands hôtels, l'usage de la réclame, l'importance des sommes engagées dans les bourses distribuées aux joueurs : tout concourt à faire sortir le billard de son statut de jeu public permis entre personnes réunies dans un «lieu particulier» (académie ou café). Pour en faire le support légal d'une activité de paris organisés qui sollicite sans ambages le grand public. Forts de la réprobation soulevée par ces pratiques mercantiles, les pouvoirs publics réagissent. Dans les premières années du XXe siècle, la tolérance des jeux d'argent dans les académies de billard est à nouveau en cause.

Au centre, G. H. Sutton, le fameux «professeur sans mains» vanté par un prospectus de l'académie Mangin, un des meilleurs joueurs de billard des Etats-Unis au début du XXe siècle avec Slosson et le jeune Hoppe.

Le «noble jeu» en contravention !

En 1903, on lit dans les *Commentaires sur le billard moderne*, écrits par le vicomte de Frayssinet : «La viabilité des académies a été mise en péril par des contraventions quotidiennes émanant de la direction de la brigade des jeux de la préfecture de police. Mais, un jugement rendu en juillet dernier [1903] ayant été favorable aux exploitants des salles de match, ces derniers ont pu continuer à exercer leur activité. Les considérants ont été un éloge bien senti du noble jeu qui a été droit au cœur de ceux qui voient dans le jeu bien autre chose qu'une spéculation ou le prétexte à l'exercice d'autres jeux non tolérés – "jeux à côté" – qui sont de nature à nuire à la correction parfaite du jeu de billard.»

L'auteur, qui ne cache pas son indignation à voir son activité favorite traînée en justice, tente encore de se convaincre qu'il s'agit d'un malentendu. Que les forces de police ne s'en prennent au jeu de billard qu'avec la visée

Au milieu, Georges Clemenceau affrontant le vicomte de Frayssinet au carambolage, caricature publiée en couverture du magazine *Don Quichote*, 1886.

d'atteindre des jeux «à côté». En vérité, le torchon brûle. A l'heure où la moralité victorienne impose une image de l'argent qui ne doit être conjuguée qu'avec la peine prise au

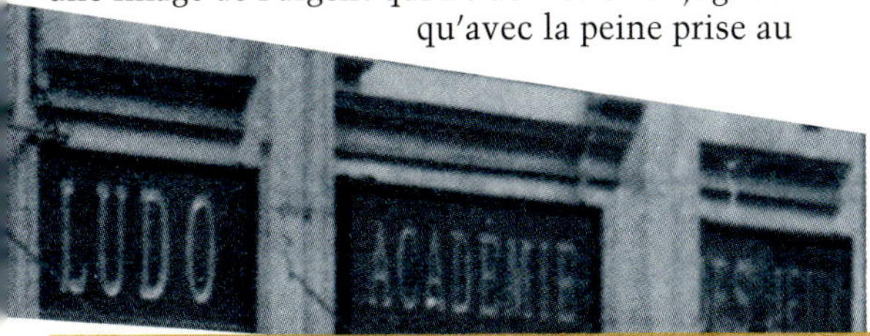

Cette photo du grand café et académie Ludo, rue de la Sorbonne (années 1940), aurait pu être prise vingt ans plus tard, dans de nombreuses rues de Paris. Elle rappelle que la pratique du billard appartenait encore aux habitudes des Français au milieu du siècle.

travail, le jeu de billard tel qu'il a existé dans les siècles passés ne peut plus avoir droit de cité.

Le jeu de la poule et les paris sont décédés!

Pour parvenir à ses fins, l'administration opère en douceur. Le jugement de 1903, dont M. de Frayssinet se plaît à citer les attendus favorables, introduit en fait de subtils distinguos qui ruinent le socle

Ci-dessus, photo commémorative de la soirée d'inauguration de l'académie de billard du Grand Café à Amiens, en présence du champion du monde amateur Charles Faroux (années 1930).

économique sur lequel repose la prospérité des établissements de billard. Faisant la distinction entre les académies et les débits de boissons possédant des billards en annexe, ce jugement interdit l'organisation de matchs professionnels dans les cafés, et plus généralement toute pratique de jeu engageant de l'argent. D'un seul coup, les enjeux entre les joueurs et plus encore l'usage pluriséculaire de la partie de la poule disparaissent. Emportant avec eux des manières de se conduire en public qui sont au fondement de la vie en société depuis le XVIIe siècle. Pour les académies de billard, et malgré les bonnes paroles du président du tribunal, il ne s'agit que d'un répit. Le droit d'organiser des matchs et celui d'offrir une bourse aux joueurs se voyant distingués de l'organisation des paris, qui sont le véritable «jeu à côté» condamné par ce jugement. Au motif de quoi, les contraventions continuent de pleuvoir !

L'heure du «multicolore»

Le billard est profondément enraciné dans le mode de vie des Français. Tenant compte de cette réalité, l'administration propose avec quelque ironie une porte de sortie au jeu professionnel. Une licence d'exploitation de jeux de hasard est accordée aux tenanciers des académies de billard, seuls

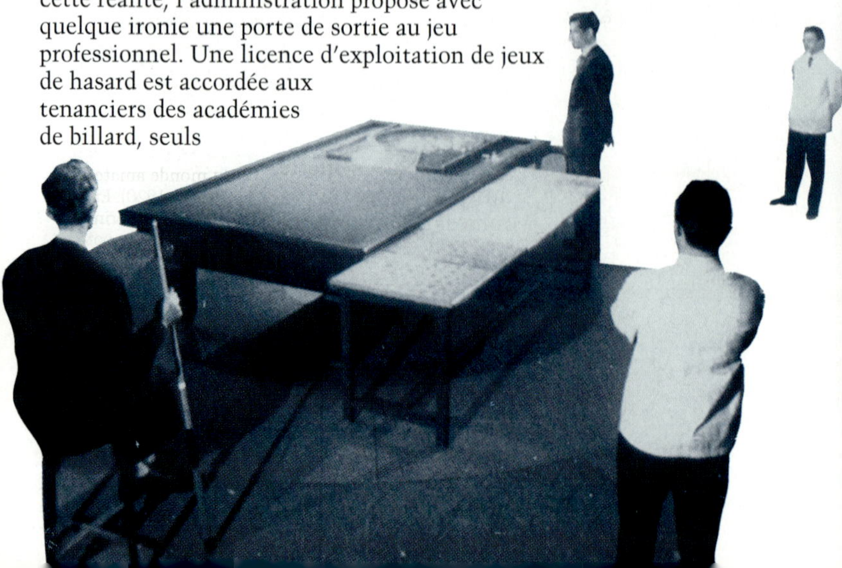

habilités à organiser des matchs professionnels. Les parieurs peuvent à nouveau se rendre légalement dans les académies où ils jouent habituellement, et engager de l'argent comme il leur est accoutumé.

Avec cette nuance que le jeu du «multicolore» sur lequel porte l'autorisation est un jeu de hasard, basé sur des tirages de numéros, qui ne conserve de l'ancien jeu de paris organisés sur les parties de billard que le lancer de la bille – effectué à partir d'une table de billard – sur le plateau de la roulette. Un joueur classé professionnel étant requis pour donner le coup de queue correspondant à chaque lancer.

Une fois terminé le jeu d'argent, le joueur passionné peut si cela lui chante se rendre dans la salle de billard pour assister à un match. Bien sûr, les bourses offertes aux joueurs sont plus minces ! Et surtout, il n'est plus question d'engager un pari auprès du marqueur !

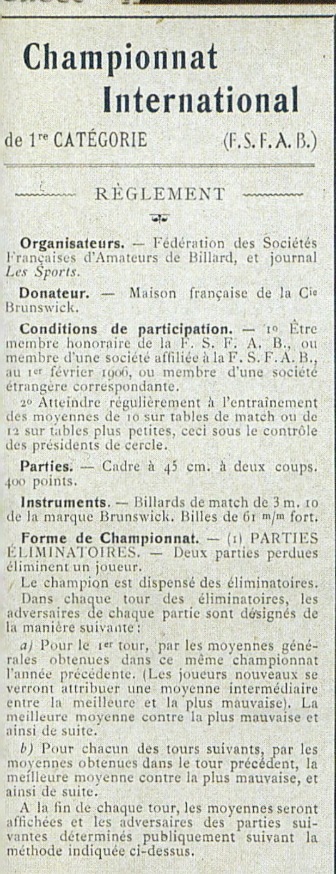

Championnat International

de 1re CATÉGORIE (F.S.F.A.B.)

RÈGLEMENT

Organisateurs. — Fédération des Sociétés Françaises d'Amateurs de Billard, et journal *Les Sports*.

Donateur. — Maison française de la Cie Brunswick.

Conditions de participation. — 1° Être membre honoraire de la F. S. F. A. B., ou membre d'une société affiliée à la F. S. F. A. B., au 1er février 1906, ou membre d'une société étrangère correspondante.

2° Atteindre régulièrement à l'entraînement des moyennes de 10 sur tables de match ou de 12 sur tables plus petites, ceci sous le contrôle des présidents de cercle.

Parties. — Cadre à 45 cm. à deux coups. 400 points.

Instruments. — Billards de match de 3 m. 10 de la marque Brunswick. Billes de 61 m/m fort.

Forme de Championnat. — (1) PARTIES ÉLIMINATOIRES. — Deux parties perdues éliminent un joueur.

Le champion est dispensé des éliminatoires.

Dans chaque tour des éliminatoires, les adversaires de chaque partie sont désignés de la manière suivante :

a) Pour le 1er tour, par les moyennes générales obtenues dans ce même championnat l'année précédente. (Les joueurs nouveaux se verront attribuer une moyenne intermédiaire entre la meilleure et la plus mauvaise). La meilleure moyenne contre la plus mauvaise et ainsi de suite.

b) Pour chacun des tours suivants, par les moyennes obtenues dans le tour précédent, la meilleure moyenne contre la plus mauvaise, et ainsi de suite.

A la fin de chaque tour, les moyennes seront affichées et les adversaires des parties suivantes déterminés publiquement suivant la méthode indiquée ci-dessus.

En bas, à gauche, salle de jeu du «multicolore», image extraite du film de Georges Franju *La Tête contre les murs* (1958) Ci-dessus, tableau des mises du jeu de multicolore à l'académie de billard de l'avenue de Wagram. Ces deux images sont seules à pouvoir donner une idée de l'atmosphère de ce jeu. En effet, les établissements où il se joue, assimilés aux cercles de jeu de hasard, sont strictement interdits de publicité. Au milieu, en haut, joueur sur le point de masser lors d'un championnat du monde amateur (années 1920). En dessous, bulletin d'engagement pour le championnat international amateur de 1906.

Naissance du billard amateur

Le mouvement d'opinion qui a eu raison de l'association entre l'argent et le jeu de billard vient de loin. En 1893, sur le modèle des fédérations sportives qui existent déjà en Grande-Bretagne, une fédération de joueurs de billard amateurs est fondée aux Etats-Unis. En 1903, les Français suivent le mouvement, imités par les Belges en 1906. Dès 1903, des rencontres internationales amateurs opposent les Français et les Belges. Les Hollandais se joignent à eux en 1911. En 1923, les fédérations française, belge, suisse et égyptienne (l'Egyptien Soussa est alors champion du monde amateur) fondent une association internationale. Les fédérations de billard des autres continents les rejoignent entre 1924 et 1939, la mise en place de fédérations amateurs dans les différents pays d'Europe puis dans le reste du monde donnant le départ d'un renouveau du billard sous la forme moderne du sport de compétition.

Apogée et déclin du billard français aux Etats-Unis

En 1901, Willie Hoppe, un garçonnet de treize ans, réussit une série de

2 000 points. Il deviendra un des plus grands champions du XXe siècle… Une partie au score encore plus étonnant oppose la même année Shaefer à Mac Cleery à San Francisco. En voici le déroulement : Mac Cleery – 0 - 2 - 13. Shaefer – 0 - 0 - 3 000 ! Aussi grands soient-ils, en faisant le tour du monde, ces exploits confortent durablement les joueurs du café du commerce dans l'idée que le jeu de la série est à la portée du premier gamin venu.

Ce climat, ajouté au retrait du jeu professionnel en France, entraîne les joueurs professionnels américains à renoncer progressivement au billard français à trois billes, en faveur du jeu avec quinze billes colorées plus spectaculaire. Au jeu anglais, les Américains ajoutent un nouvel élément qui introduit une part de hasard propice aux paris. Chacune des billes est numérotée de 1 à 15, en sorte que chaque bille blousée vaut autant de points que le numéro qui lui correspond.

Le calme, la précision du geste, l'équilibre foncier de la position de jeu sont déjà présents dans cette photo de Willie Hoppe (page de gauche) à l'âge de douze ans, qui s'apprête à masser. Au milieu, un joueur américain tenant les quinze billes du jeu de *pool* dans une seule main. Ce geste étonnant, la mimique complice sont dans le droit fil de la dimension de spectacle qu'on a su donner au billard et à toutes choses outre-Atlantique au cours du XXe siècle ! Ci-dessous, partie de *pool* dans une YMCA à New York (année 1930).

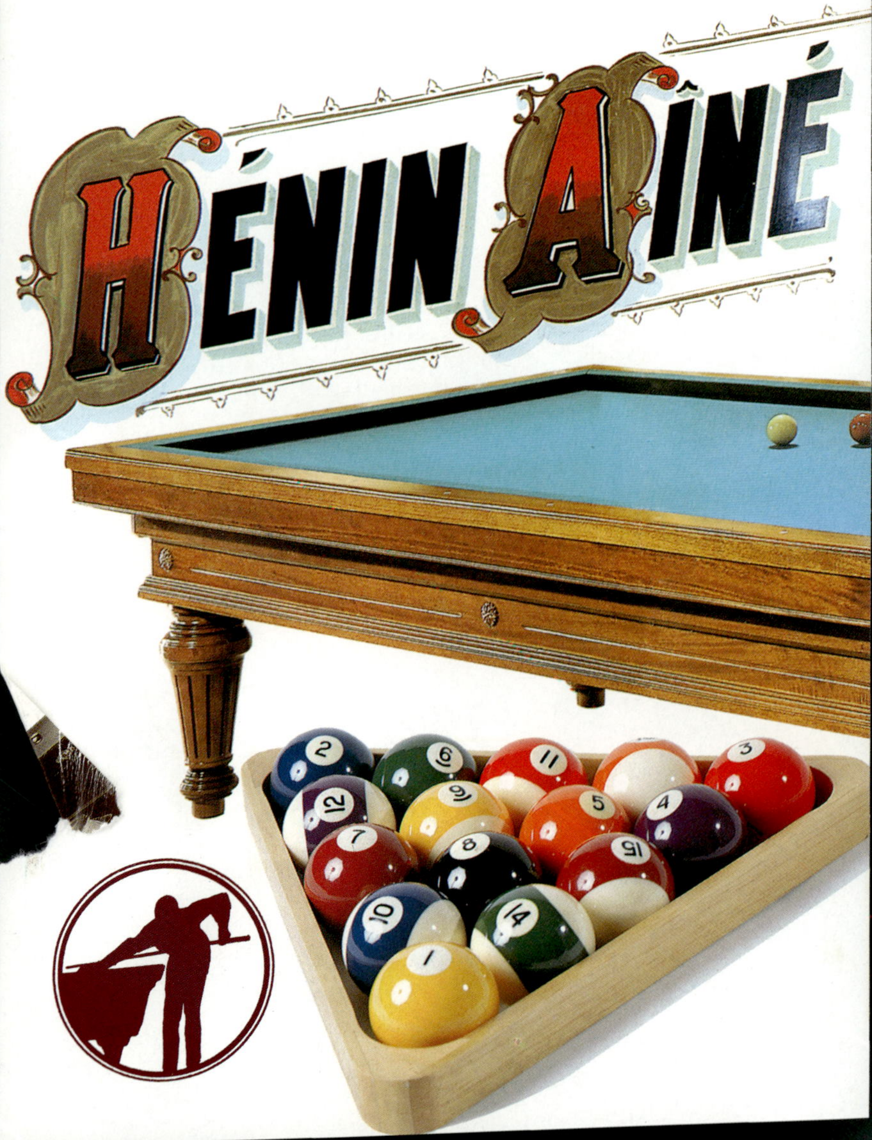
HÉNIN AÎNÉ

ONE DOZEN – PREMIUM QUALITY
Master
BILLIARD
CHALK

BLUE DIAMOND
BILLIARD
CHALK

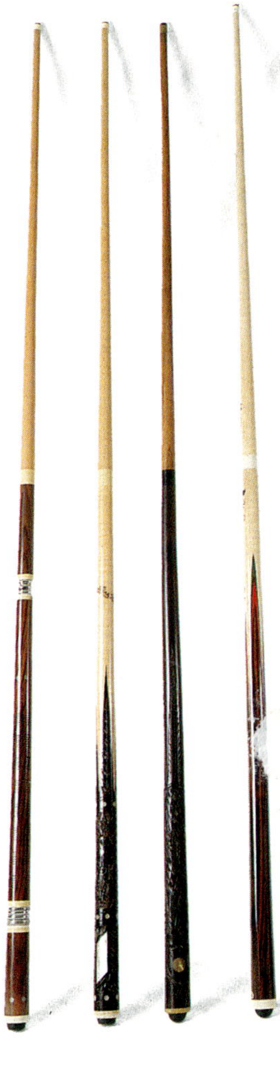

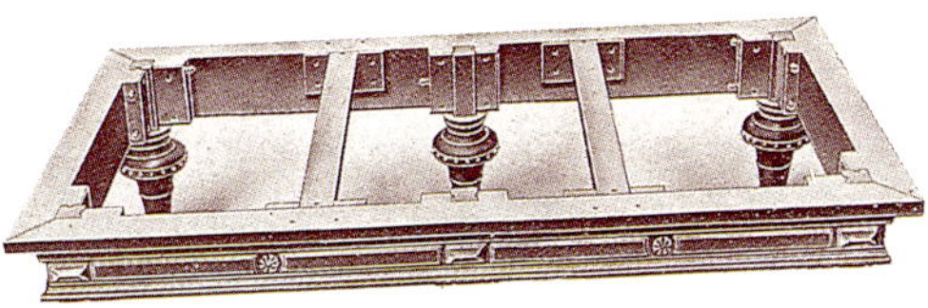

Ultime apport américain : la partie de «trois-bandes»

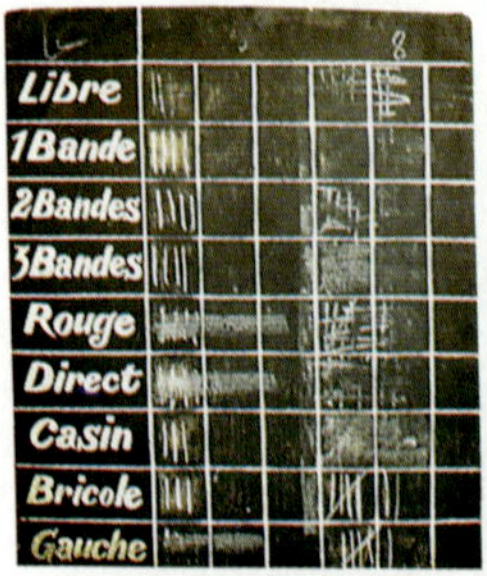

Les joueurs américains ne délaissent pas le jeu à trois billes sans lui offrir en dot une forme de jeu toute nouvelle qui exclut radicalement la série. Vers 1920, les professionnels des Etats-Unis, soucieux de remplir les salles, inventent la partie du «trois-bandes». Il faut à ce jeu que la bille jouée touche trois bandes au moins avant la carambole. D'emblée, grâce à la diversité constante de ses coups, le «trois bandes» connaît une grande vogue. Le même Willie Hoppe, spécialiste incontesté de l'américaine et du jeu au cadre, y triomphe. En 1936, défiant le champion du monde Welker Cochran, il le bat six fois d'affilée, totalisant 360 points contre 246, en 240 reprises, avec une meilleure série de 15 !

Les Américains restent les maîtres à ce mode de jeu jusqu'en 1938. Année qui voit Roger Conti, un des joueurs français qui domine le billard au milieu du XXe siècle, gagner devant Cochran et Shaefer le seul championnat du monde professionnel de trois-bandes jamais joué hors les Etats-Unis.

La «partie libre»

Conscients de l'état de l'opinion concernant le jeu de la série, les joueurs amateurs emboîtent le pas des professionnels quand ils entrent en lice. A Vichy, où les Français installent le plus souvent leurs tournois jusqu'aux lendemains de la Seconde Guerre mondiale, toutes les rencontres se font d'abord au cadre de 45 centimètres.

Il revient toutefois à l'Union internationale amateurs créée en 1924 d'avoir ressuscité, en 1927, la partie de la carambole, à l'origine des formes contemporaines du jeu de billard à trois billes. Par opposition aux contraintes édictées pour les différentes parties au cadre, elle prend le nom de «partie libre». La même année 1927, mais cette fois à

En haut, à gauche, tableau des marques mêlant toute la variété des parties possibles : libre, une bande, deux bandes, trois bandes, rouge, direct, casin, bricole (bande avant), gauche (main gauche). Il s'agit dans cette dernière partie de marquer des carambolages de chacune de ces variétés. Le premier qui obtient le nombre convenu de marques de chaque sorte ayant gagné. Le coup dit «rouge» correspond à un carambolage obligatoirement joué sur la rouge d'abord. Le casin dénommant un coup joué sur la rouge de manière à ce que cette bille percute ensuite la seconde bille blanche.

Ci-contre, le champion belge Raymond Ceulemans lors de la coupe du monde en 1987. Ci-dessous, le Français Roger Conti plusieurs fois champion du monde amateur avant et après la Seconde Guerre mondiale.

Reims, a lieu le premier championnat du monde amateur au trois-bandes. L'Egyptien Soussa, le meilleur joueur amateur de l'époque, s'y impose après avoir gagné à Vichy les épreuves de la partie libre et du cadre de 45/1. Il sera le premier amateur à réussir les 500 points de série en une seule reprise en 1931.

Un destin olympique ?

En 1952, l'Argentin Léopoldo Carrera remporte les championnats du monde amateurs de Buenos Aires. Renouvelant l'exploit de Soussa, il gagne la même année le titre mondial à la partie libre et au cadre de 45/2. Le Belge Vingerhoedt est cinquième au classement général, mais il est le premier – avec une moyenne par reprise de 1,62 – à atteindre des résultats au trois-bandes comparables à ceux obtenus par les meilleurs professionnels.

La boucle est bouclée. D'autres joueurs amateurs maintiennent jusqu'à nos jours un niveau de jeu comparable, voire supérieur, à ceux des grands joueurs du début du siècle. L'Autrichien Scherz, le Belge Diélis, le Japonais Kobayashi ont tous réussi au moins une partie de trois-bandes avec une moyenne supérieure à 2. Le Belge Ceulemans ayant à son actif vingt-deux parties au-dessus de 2, avec une meilleure série inégalée de 20 points en 1972.

Malgré les qualités sportives démontrées par les joueurs amateurs, le billard n'est pas encore une discipline olympique. A la fin du XXe siècle, le jeu est présent sur les cinq continents, pratiqué dans les universités anglaises et nord-américaines les plus prestigieuses ; admis depuis le XVIe siècle au palais impérial du Japon, et dans les appartements de la reine d'Angleterre, aussi bien que parmi les délassements autorisés aux moines et aux religieuses. Mais on ne pardonne pas encore au billard d'être un jeu de société qui se mêle si facilement au plaisir de vivre : aussi à l'aise dans les clubs sportifs et les demeures privées que dans les salles de jeux et les cafés.

Ci-dessus, le joueur italien Marco Zanetti ; ci-contre, le Japonais Kobayashi, pris tous les deux lors du championnat du monde 1987, Kobayashi ayant fini deuxième au classement général.

ARDS
CHEVILLOTTE

TÉMOIGNAGES ET DOCUMENTS

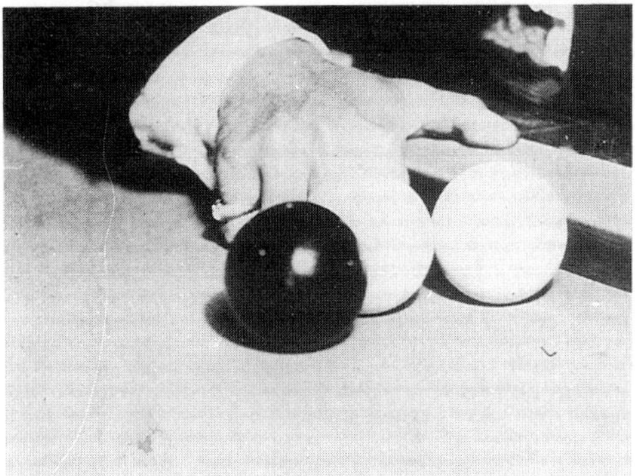

Le jeu de la bille

Documents attestant une grâce royale obtenue après une condamnation à la suite d'un accident ou d'une rixe survenus en cours de jeu, les «lettres de rémission» sont la principale source de renseignements sur les différentes formes du jeu de billard au sol jouées à l'époque de la guerre de Cent Ans.

Presque tous les exposés des suppliants, ou du moins une très forte majorité, font allusion au jeu de paume, de billes ou de crosse. Malheureusement, les lettres de rémission ne donnent que de maigres renseignements sur certains de ces divertissements, dont beaucoup d'ailleurs n'ont pas d'intérêt du point de vue folklorique. [...] Le jeu de la bille et les boules étaient fort goûtées des paysans qui s'y livraient avec joie les jours de fêtes chômées ou les dimanches. Parfois d'ailleurs la partie les entraînait très loin, mais le plus souvent elle finissait à la taverne ou aussi par une dispute. La plupart de ces documents [...] n'offrent guère d'intérêt, nous sommes donc dans l'obligation de ne citer que les plus importants, ceux qui peuvent donner une idée de ce qu'était le jeu de boules et de billes pendant la guerre de Cent Ans.

En 1385, des hommes jouent aux boules. Ils reprochèrent à l'un de leurs camarades de ne pas avoir fait passer sa boule dans l'anneau fiché en terre «comme le jeu le requerroit». On jouait à la bille avec un billard, c'est ce qui résulte d'une lettre de rémission de 1386. A Verdes, dans la région de Châteaudun, on joue de la bille «contre une verge de bois fichée en terre, que l'on appelle aupais le turet».

Un garçon de seize ans, Thesson de Beausse, le jour de la fête de Notre-Dame de Mars, à Boisconnin, dans la région de Montargis, «se feust aler jouer et esbatre à veoir biller plusieurs compaignons qui billoient en une court qui est lez (près de) la maison dieu de boi-connin et ilec se arresta pour veoir l'esbatement de la bille et se assist sur une grosse busche avec plusieurs autres compaignons».

En 1424, à Malleville-sur-le-Bec, au diocèse de Rouen, le samedi jour de l'Indication Notre Dame, un habitant dit à un de ses amis : «I lest feste, allons nous jouer en l'ostel pierres le Duc», tous deux se firent raser et «arrondir» leurs cheveux, puis un nommé Guillaume, qui avait fait également «arrondir et appareillier une bille... dit : il nous faut aler billier». La partie – sans enjeu – se termina par un accident.

Parfois on fait un pari à celui qui, avec le «moins de cops de la boule de bois», ira jusqu'au village voisin. Mais, fréquemment, ces divertissements finissent mal. C'est ainsi qu'à Noirmoutiers, au milieu du XVe siècle, des jeunes gens «commencèrent à jouer à la boulle par plusieurs rues et chemins dudit bourg... en alant et venant par lesdictes rues... à la veue de chascun qui le vouloient veoir et regarder, ainsi que jeunes gens ont acoustumé de jouer». L'un d'eux jeta sa boule maladroitement mais avec force, et rompit les os et les chairs de sa filleule qui se trouvait sur une place voisine.

Le jeu de boules porte aussi le nom de billote On y jouait même chez les ecclésiastiques : en septembre 1394, des lettres de rémission furent accordées à Jean Marchant, de l'«Isle d'Elles», pour homicide par imprudence commis en jouant aux boules chez le prieur de ce village. Des habitants s'étaient rendus «pour jouer à un jeu que on appelle au pays le jeu de la bille en l'ostel du prieur dudit lieu de Elles, ou quel l'en vendoit pour lors vin et y estoit ledit jeu, auquel les dessus nommez jouoient pour le vin»; puis on but, et «lesdiz Canteau et Marchant retournèrent par esbatement à ycellui jeu, pour veoir qui feroit le meilleur cop et plus dudict jeu... Et lors ledit Jehan Canteau gecta sa bille contre la butée d'icelui jeu et suivi sa dicte bille, et après advint que en soy abaissant pour lever sa dicte bille. Ledit Jehan Marchant gecta la sienne et en ataigny par la teste ledit Canteau» qui en mourut.

Siméon Luce a bien distingué les deux jeux de billes et de boules, souvent confondus dans les textes anciens et même dans l'ordonnance royale de 1369; «la boule, écrit l'historien de la guerre de Cent Ans, était notre jeu actuel des grosses boules où l'on prend à tâche de faire rouler ses boules le plus près possible d'un but marqué par un piquet enfoncé à ras du sol ou par une boule plus petite que les autres dite cochonnet «tout en écartant autant que possible les boules de son adversaire»... l'enjeu le plus ordinaire était la consommation d'une ou de plusieurs chopines de vin, de cidre ou de cervoise, et l'on appelait cela «jouer à la boule pour le vin».

Traitant du jeu de billes, l'éditeur de Froissart écrit : «De 1369 à 1380, nous avons pu réunir, en compulsant les registres de la chancellerie royale, une dizaine de mentions attestant que le jeu des billes ou de billard continua d'être en usage malgré la défense du roi de France. On désignait ce jeu sous des noms différents suivant les pays. A Monthéry, c'était la «boule ou billette», à Saint-Jean-d'Angély, «la rule au boule»; à Béthisy le «boulet»; à Beaune, la «bilote autrement les boules»; ailleurs encore, le «billon» et la «billete». Le Bâton, gros et court, recourbé parfois en façon de crosse, dont on se servait pour pousser les billes, s'appelait ici un «billard», là un «billouer»... On ne connaissait alors que le billard de terre, analogue au croquet qui se jouait en plein air et au ras de sol. Le dépouillement des lettres de rémission de 1330 à 1453 nous a fourni des mentions très nombreuses de boules et surtout de billes.

Robert Vaultier,
Le Folklore en France au temps de la guerre de Cent Ans, d'après les lettres de rémission, Paris, 1965

Billard et grand siècle

Gravures, poèmes, recueil de règles, chroniques : le billard est un des premiers objets-symboles à bénéficier des moyens de diffusion offerts par le développement de l'imprimerie au XVIIe siècle.

La partie ordinaire

Le libellé des règles des quelques dizaines de jeux réunies dans la «Maison des jeux académiques» publiée par Loyson en 1665 est révélateur de leur récent passage de l'état oral à l'état écrit. Concernant la règle de la partie de billard ordinaire, le désordre de l'exposé et les ambiguïtés de la terminologie sont particulièrement sensibles.

1. Pour jouer le premier faut mettre les billes sous la passe et tirer au plus près de la corde ou sont passés les sonnettes.
2. Celui qui met le plus près de ladite corde a le devant et le dernier à l'hyvet.
3. Si le premier passe et butte et le dernier aussi ce n'est rien de fait sinon que le dernier gagne à jouer le devant.
4. Si celui qui a l'hyvet passe et bute le premier il gagne le coup.
5. Qui touche les deux billes perd deux coups.
6. Qui noye les deux billes perd deux coups.
7. Qui touche la bille deux fois perd le coup.
8. Qui fait sortir les deux billes ou la

sienne seule hors le tapis perd deux coups.
9. Qui souffle la bille ou n'a un pied à terre perd le coup.
10. La bille touchée est jouée, bille qui pose ne peut être perdue.
11. Qui joue le premier et se blouse perd le devant.
12. Si celui qui a l'hyvet se blouse il perd deux coups.
13. Qui fait sortir la bille de la partie hors le tapis gagne deux coups.
14. Défense de toucher à la passe ou à la corde pour les forcer en jouant.
15. Si celui qui a le devant butte et au revenir chasse ou touche la bille de celui qui a l'hyvet il faut la remettre en sa place.
16. Si celui qui a le devant fait butter l'autre bille perd le coup.
17. Qui passe du premier coup d'un côté ou d'autre de la passe est fournier.
18. Etant fournier cinq ou six fois une fois le défourne suffit.
19. Défense de rompre la bille de celui qu'a l'hyvet, passé ou non, encor qu'ayez passé et butté, sous peine de perdre le devant.
20. Etant fournier du côté de l'ais ou on acquitte, on le peut défourner et passer butter tout d'un coup.
21. Qui butte a une ou deux bricole est bon.
22. Le but au revenir ne vaut rien.
23. Qui tire la queue du billard perd le coup.
24. Défense d'arrêter une bille pendant qu'elle roule à peine de perdre le coup.
25. Si un qui n'est pas du jeu arrête une bille elle doit demeurer où elle a été arrêtée.
26. Bille qui sort hors le tapis ne peut revenir.
27. Défense de ne frapper du billard sur le tapis et de ne jouer qu'à son rang sous peine de perdre le coup.
28. [Défense] de ne dresser son compagnon à la bille, et ne le doit aussi dresser au but sous peine de perdre le coup.
29. Qui tire à quatre doigts de la corde et gagne la bille gagne deux coups.
30. Qui tire à quatre doigts et se met dans une blouse ou toutes les deux billes perd deux coups.
31. Qui passe a quatre doigts et ne le défend est bien passé tant à la bricole que tout droite.
32. Le premier qui parle pour le jeu oblige pour le reste.
33. Si voulant couper passe vous faites passer une bille elle est bien passée.
34. Si une bille vous fait passer est bon.
35. Si jouant du côté de la passe vous faites passer une bille elle est bien passée.
36. Qui vient à cinq cinq ou à sept sept de la partie cela dépend de celui qui a le devant de faire en deux venant.
37. Etant près de la corde et étant passé, jouant une bille pour la gagner et ne la gagnant pas, vous touchez l'ais et revenez butter, est bon.
38. Il faut jouer du bout du jeu à peine de perdre.
39. On ne peut jouer que les billes ne soient arrêtées, à peine de perdre.
40. Qui lève la bille sans permission perd le coup.
41. Qui quitte la partie ou la remet la perd.
42. On peut changer de billard en jouant.

La Maison des jeux académiques,
anonyme,
E. Loyson, 1665

L'intrigue de L'Arnaqueur, *célèbre film sur les paris des joueurs de billard réalisé par Robert Rossen, possède un aspect typiquement américain que lui confère, peut-être, le jeu d'acteur éclatant de Paul Newman. On en retrouve pourtant le*

Portrait de Michel de Chamillart, vers 1710.

mécanisme peint dans cette anecdote extraite des Mémoires *du duc de Saint Simon.*

Monsieur de Langres fut donc élevé à la cour, et de très bonne heure premier aumônier de la Reine. C'était un vrai gentilhomme et le meilleur homme du monde, que tout le monde aimait, répandu dans le plus grand monde et avec le plus distingué. On l'appelait volontiers le *bon* Langres. Il n'avait rien de mauvais, même pour les mœurs, mais il n'était pas fait pour être évêque : il jouait à toutes sortes de jeux, et le plus gros jeu du monde. M. de Vendôme, Monsieur le Grand et quelques autres de cette volée lui attrapèrent gros deux ou trois fois au billard. Il ne dit mot et s'en alla à Langres, où il se mit à étudier les adresses du billard, et s'enfermait bien pour cela, de peur qu'on le sût. De retour à Paris, voilà ces Messieurs à le presser de jouer au billard, et lui à s'en défendre comme un homme déjà battu et qui, depuis six mois de séjour à Langres, n'a vu que des chanoines et des curés. Quand il se fut bien fait importuner, il céda enfin. Il joua d'abord médiocrement, puis mieux, et fit grossir la partie; enfin, il les gagna tout de suite, puis se moqua d'eux, après avoir gagné beaucoup plus qu'il n'avait perdu. Il avait un grand désir de l'Ordre, et de toutes façons était fait pour l'avoir, et mourut fort vieux sans y être parvenu.

Fortune de Chamillart fait contrôleur général des finances

C'était un grand homme, qui marchait en dandinant, et dont la physionomie ouverte ne disait mot que de la douceur et de la bonté, et tenait parfaitement parole. Son père, maître des requêtes, mourut en 1675 intendant à Caen, où il avait été près de dix ans. L'année suivante, le fils fut conseiller au Parlement. Il était sage, appliqué, peu éclairé, et il aima toujours la bonne compagnie. Il était de bon commerce et fort honnête homme. Il aimait le jeu, mais un jeu de commerce, et jouait bien tous les jeux : cela l'initia un peu hors de sa robe. Mais sa fortune fut d'exceller au billard. Le Roi, qui s'amusait fort de ce jeu, dont le goût lui dura fort longtemps, y faisait presque tous les soirs d'hiver des parties avec M. de Vendôme et Monsieur le Grand, et tantôt le maréchal de Villeroi, tantôt le duc de Gramont. Ils surent que Chamillart y jouait fort bien : ils voulurent en essayer à Paris. Ils en furent si contents qu'ils en parlèrent au Roi et le vantèrent tant, qu'il dit à Monsieur le Grand de l'amener la première fois qu'il irait à Paris. Il vint donc, et le Roi trouva qu'on ne lui en avait rien dit de trop. M. de Vendôme et Monsieur le Grand l'avaient pris en amitié et en protection encore plus que

les deux autres, et firent en sorte qu'il fut admis une fois pour toutes dans la partie du Roi, où il était le plus fort de tous. Il s'y comporta si modestement et si bien, qu'il plut au Roi et au courtisan, dont il se trouva protégé à l'envi au lieu d'en être moqué, comme il arrive à un nouveau venu inconnu et de la ville.

Saint-Simon,
Mémoires,
1694-1755

Broderie poétique sur la métaphore entre le jeu et les choses de l'amour, ce billet accompagnait une petite queue de billard offerte à Mme de La Fayette par Jean de La Fontaine

Ce billard est petit,
ne t'en prive pas moins,
Je prouverai par bons témoins
Qu'autrefois Vénus en fit faire
Un tout semblable pour son fils.
Ce plaisir occupait les Amours et les Ris,
Tout le peuple enfin de Cythère.
Au joli jeu d'aimer, je pourrais aisément
Comparer après tout ce divertissement,
Et donner au billard un sens allégorique :
Le but est un cœur fier :
la bille un pauvre amant.
La passe et les billards,
c'est ce que l'on pratique
Pour toucher au plus tôt l'objet
de son amour;
Les belouses, ce sont maints
périlleux détours,
Force pas dangereux où souvent,
de soi-même,
On s'en va se précipiter,
Où souvent un rival s'en vient
nous y jeter,
Par adresse ou par stratagème.

Jean de La Fontaine

Billards bizarres

Multiplier les billes, les blouses, les quilles; donner à chacune des valeurs différentes; incliner la table, ajouter des bandes : autant d'éléments qui compliquent le jeu d'adresse ou qui introduisent délibérément une part de hasard.

Ci-dessus, des enfants de Manhattan jouant au billard américain sur des tables miniature. Ci-dessous, un billard russe, qui évoque étrangement nos flippers d'aujourd'hui; page de droite un billard «hollandais» pour enfants, et un curieux billard octogonal, en Allemagne au siècle dernier.

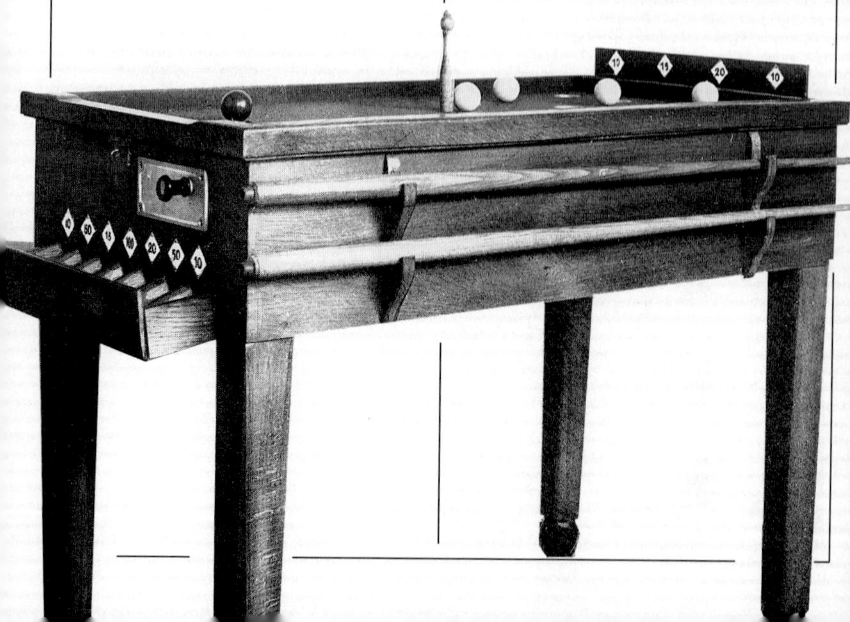

A.D.

A.D.

C
A

Le jeu de tous les Français

Au-delà des règles de jeu auxquelles se limitaient les «académies des jeux» publiées au XVIIIe siècle, les manières de jouer et les manières des joueurs sont l'objet de longs développements : que l'on retrouve aussi bien dans les nombreux traités sur «le billard» que dans les œuvres littéraires du XIXe siècle.

«Chanson d'un employé»

Pour jouer au billard,
Il vous faut beaucoup d'art,
Avoir surtout un bien juste regard;
Ce jeu n'admet aucun retard,
Et semble exclure le vieillard;
Aussi ne voyons-nous céans
De joueurs que des jeunes gens.
La table est devant vous,
Elle contient six trous;
Le tout est recouvert
D'un large tapis vert;
Trois billes roulent dessus,
Trois, dont une rouge et pas plus.
Un bâton
Bien doux et bien rond
Nous sert en cette occasion,
De ce léger bâton,
Sachez que la queue est le nom;
Vous la prenez et chaque fois
Vous la mettez entre vos doigts.
Il faut tout près vous approcher
Et tâcher
Surtout de toucher;
Car, en jouant, si vous ne touchez point,
On vous marque pour un point.
Mais on doit s'arrêter sans queuter.
La poule est un plus simple jeu;
On joue à la russe fort peu.
Suivez mon avis et jamais
Ne jouez que le jeu français;
Pourtant vous pouvez tout oser
Mais craignez de vous blouser.

Coupart, 1830

Le vocabulaire clair et concis utilisé pour rédiger la règle de la «partie française», publiée en 1830, contraste vivement avec celui employé pour la règle de la partie ordinaire de 1665. Entre ces deux versions, il y a l'élaboration apportée à l'ordre et au choix des termes tout au long de la dizaine de rééditions de la règle de 1665 publiées en Europe au cours du XVIIIe siècle.

Partie française

Article 1er. – La partie française se joue en vingt points; les points ne suivent point : c'est-à-dire qu'après bille faite, le joueur ne continue pas, et ne reprend qu'après le coup de son adversaire.

Art. 2. – Elle se joue avec trois billes, une rouge ou carambole, et deux blanches, qui sont celles dont se servent les joueurs.

Art. 3. – La rouge se place sur la mouche du haut. Elle compte à toutes les blouses ainsi que les billes blanches.

Art. 4. – Après avoir tiré le billard, le premier joueur tire du quartier sur la rouge; le second joueur, si les deux billes sont rentrées, ne peut toucher l'une ou l'autre qu'en frappant la petite bande du haut. (*Coup de bas.*)

Art. 5. – Lorsque, la rouge faite, une bille blanche occupe sa place sur la mouche, la rouge se pose sur la mouche qui se trouve entre les deux blouses du milieu; et, si la place de la rouge devient vacante avant que celle-ci ait été dérangée, on la replace sur la mouche du haut.

Art. 6. – La partie française se joue aussi à quatre; alors deux joueurs jouent de moitié contre les deux autres et alternativement chacun son coup.

Art. 7. – A trois, si un des joueurs fait la chouette, il joue deux fois contre une fois des deux autres, et toujours avec sa bille. Les deux joueurs jouent alternativement et tous deux avec la même bille.

Art. 8. – A trois, chacun pour soi, on joue alternativement : le premier sort en seize points; les deux autres continuent et peuvent remettre la partie.

Art. 9.– Dans la partie à trois, chacun pour son compte, il n'y a point de coups de bas; la bille rouge rentrée au quartier se replace sur la mouche du haut.

Vocabulaire des termes usités

Acquit (donner l') Ce coup consiste à chasser sa bille d'un seul coup de queue vers le haut du billard, en jouant du but. L'acquit se donne à la poule, à la partie blanche, à la partie russe et à celle à quatre billes. Pour que l'acquit soit bon, il faut que la bille dépasse les blouses du milieu. Si le joueur n'est pas content de son acquit il peut réclamer la pénitence à la poule seulement. Encore ne peut-il exercer ce droit qu'autant que sa bille n'est pas arrêtée.
Bandes Bords de la table du billard. Il y en a quatre, deux petites et deux grandes.
Bas Partie inférieure du billard, depuis la petite bande jusqu'à la corde; les billes s'y trouvant rentrées constituent le *coup de bas*.
Basin (bille au) C'est croiser une bille qui se trouve près d'une grande bande, et qui va dans la blouse opposée en décrivant une diagonale.
Billarder Toucher sa bille deux fois; cette faute fait perdre un point.
Billes Boules d'ivoire avec lesquelles on joue au billard. Il y en a de diverses couleurs pour les différentes parties.
Billes coupée ou au coupé Bille touchée d'un coup sec qui l'effleure de façon à la pousser sur une ligne droite qui forme angle avec la direction de la bille choquante. Si le coup avait assez de force, la bille serait croisée.
Bloquer une bille. L'envoyer directement dans une blouse en la frappant fortement avec la sienne.
Blouses Six cavités, dont quatre sont aux quatre coins de la table, et les deux autres au milieu des deux grandes bandes.
Blouser (se) Faire aller sa propre bille dans une blouse.
Bricole Jouer en bricole ou de bricole, c'est frapper une bande quelconque avant la bille que l'on veut toucher.
But Le but, à proprement parler, est l'espace renfermé par un demi-cercle d'un pied de diamètre environ, et la ligne qui sert de limite au quartier. A la partie française, le but est seulement dans ce demi-cercle, mais dans les autres parties, telles que la poule, le but s'étend dans tout le quartier.
Cadette Queue plus large qui sert pour les coups éloignés des bandes.
Carambolage Action de toucher successivement deux billes avec la sienne.
Casin Nom de la petite bille à la partie aux quilles.
Chouette (faire la) Jouer seul contre deux partenaires, et donner ainsi deux coups de queue, tandis que chacun d'eux n'en donne qu'un.
Coller une bille La jouer de manière qu'elle s'arrête très près d'une des quatre bandes.
Contre-coup Il y a contre-coup, ou simplement contre, lorsque la même bille en frappe une autre deux fois.
Corde Nom de la ligne blanche faite à l'aiguille, sur le tapis, pour marquer la limite du quartier d'en bas.
Corder (se) Placer sa bille de façon à ce qu'elle ne dépasse pas la corde, et rentrer ainsi sa bille dans le quartier.
Coup de bas (donner le) Faire entrer les billes dans le quartier, pendant que l'adversaire est en main, de sorte que celui-ci ne puisse tirer dessus avec la sienne qu'en doublant le billard.
Coup dur Lorsqu'une bille est collée contre une bande et qu'on la frappe avec une autre suivant la direction qui passe par son centre, elle reste en place, et l'autre bille revient sur elle-même vers le point d'où elle était partie. C'est ce qu'on appelle coup dur.
Croiser Envoyer une bille contre une

bande d'où elle revient vers la bande opposée, tandis que sa propre bille, après avoir choqué celle de l'adversaire, va frapper la bande adjacente, et croise en revenant la ligne que suit l'autre bille.
Doubler le billard Faire parcourir deux fois sa longueur à une bille.
Doubler une bille C'est, en frappant celle de son adversaire, l'envoyer contre une bande d'où elle revient s'arrêter contre la bande opposée. On dit aussi doubler une bille lorsqu'on lui a fait frapper la bande opposée à la blouse dans laquelle elle vient tomber.
Doublet Bille faite après avoir frappé une bande dont l'élasticité l'a renvoyée dans la blouse opposée.
Droite (bille) La bille est droite lorsque les deux billes et la blouse sont sur la même ligne.
Fausse queue (faire) Frapper une bille avec l'angle de la queue; ce qui lui fait prendre une direction différente de celle qu'on se proposait de lui donner.
Main (être en) Un joueur est en main lorsque sa bille vient d'être faite par son adversaire, ou qu'il s'est perdu lui-même.
Masse Gros bout de la queue.
Moitié partout A la poule un joueur achète moitié partout la bille d'un autre, quand il lui assure d'abord la moitié de sa mise, et qu'en outre il lui promet de partager le produit de la poule, en cas de gain.
Mort A la poule, le joueur est mort quand sa bille a été faite le nombre de fois prescrit par les règles ou les conventions.
Mouche Point indiqué sur le tapis par une petite rondelle de taffetas; il y a quatre mouches, l'une au milieu du but, une autre au milieu du billard, une troisième vers l'extrémité du haut, et une quatrième enfin tout près de la petite bande, dont elle est éloignée d'une quantité égale à deux fois le diamètre d'une bille; c'est sur cette dernière qu'à la poule on met la bille de l'acquit à la pénitence.
Pénitence (mettre une bille à la) La placer sur la mouche la plus près de la petite bande du haut.
Perdre (se) Envoyer sa propre bille dans une blouse.
Quartier Espace compris entre la mouche et la bande du bas. C'est de là que les joueurs commencent à tirer.
Queues Instrument dont on se sert pour jouer.
Queuter Conduire sa bille avec la queue, après l'avoir frappé du bout.
Raccroc Points faits sans avoir été prévus.
Râtelier Châssis muni dans le haut d'une planche garnie de trous faits pour placer les queues.
Talon Gros bout de queue.
Talon (coup de) Ce coup consiste à toucher la bande avant la bille sur laquelle on joue.

Le Billard,
anonyme,
1830

Premier pas du billard moderne.
Premières théories, où les polytechniciens ont leur part... Premiers champions.
Ne pas oublier que les extraits suivants proviennent de textes écrits avant 1850, à une époque où la série de cinquante points paraissait une barrière fatidique, impossible à franchir.

Les prodiges obtenus à l'aide des queues dites à *procédé* avaient encore tout le charme de la nouveauté. Chaque jour apportait quelque découverte nouvelle; à peine naissante, la science de l'effet de queue n'avait pas encore été sondée, explorée, fouillée dans tous les sens comme elle l'a été depuis. On n'avait pas assez de surprise et d'admiration pour

ces effets qui nous sont devenus tellement familiers qu'ils nous trouvent aujourd'hui froids et indifférents. Il n'en était pas ainsi alors : lorsqu'une partie à laquelle devaient prendre part les notabilités que je viens de nommer était annoncée (dans les journaux, entendez-le bien), il n'était guère plus facile de pénétrer dans la salle de billard qu'au Théâtre Français aux premières représentations de *Hernani*. L'assistance n'était ni moins agitée, ni moins divisée d'opinions. Les fervents adeptes de l'effet de queue ne le cédaient pas en transports d'enthousiasme, en trépignements d'admiration, aux apôtres chevelus du messie littéraire. On ne chauffait pas avec moins d'ardeur un brillant carambolage qu'une tirade de Dona Sol. Le classique était *enfoncé* sur toute la ligne, au billard comme sur la scène. Hélas! que sont devenus ces beaux jours de luttes ardentes, de batailles solennelles? Public ingrat et blasé! à peine aujourd'hui honores-tu d'une froide curiosité les plus merveilleux prodiges de l'effet de queue, et M. Hugo s'est enseveli dans les limbes de l'Académie!

Comme je viens de le dire, Noël avait à cette époque sur ses antagonistes une supériorité incontestable. Chacun d'eux brillait par des qualités différentes, l'un par la finesse, l'autre par l'éclat, celui-ci par la précision de son jeu, mais aucun autre ne réunissait au même degré une exécution extraordinaire à une connaissance approfondie de la théorie du jeu de billard. Aucun autre ne se rendait compte avec plus de justesse et de sagacité de chacun des effets produits, aucun ne les démontrait avec plus de clarté et d'exactitude. Aussi toute contestation, tout point en litige lui étaient-ils déférés, et ses arrêts sans appel ont fait jurisprudence dans le code du billard.

Quelques rivaux néanmoins lui disputaient vivement la priorité. Entre tous, nous devons citer un joueur d'une excentricité originale et dont les formes tant soit peu agrestes, il faut le dire, lui valurent à juste titre le surnom de *Paysan*, surnom qui lui est resté depuis et sous lequel il est connu à Paris, j'allais dire en France, de quiconque se pique d'avoir quelque notion du jeu de billard. Sous un air de bonhomie rustique, il cachait ne finesse, une astuce extrêmes et une adresse qui surprenait d'autant plus qu'on s'attendait moins à la rencontrer sous des dehors aussi grotesques. Bien que son étoile ait aujourd'hui un peu pâli, il ne laisse pas de tenir encore sa place parmi les maîtres, qui ne pourraient sans injustice mettre en oubli que, le premier, il s'est fait remarquer par ce talent, maintenant si perfectionné, de rassembler les trois billes pour en tirer ensuite, sans les éloigner, une *série* de carambolages qui ne laisse à l'adversaire que de loisir de demander *le Moniteur*. [...]

Eugène fit sa première apparition sur le théâtre de sa gloire, il y a une vingtaine d'années. On ne peut se faire une idée de la surprise que causa son entrée dans le monde-billard : un adolescent, grêle et imberbe, venait tout d'un coup se poser en face de combattants aguerris, consommés dans la pratique et l'étude du jeu de billard; à tous, il leur portait défi, et tous, en quelques jours, il les avait fait passer sous le même niveau, véritables fourches caudines, et forcés de le reconnaître pour leur maître. Pour quiconque sait apprécier quelles infinies difficultés il faut surmonter pour arriver à ce degré de force au billard, je ne crains pas de dire qu'il y a là quelque chose de fort extraordinaire. On peut admettre, à la rigueur, que, doué d'heureuses dispositions, on acquière en peu de temps tout ce que permet l'exécution la plus brillante; mais ce qu'il est plus difficile de s'expliquer, c'est que par une espèce d'intuition spontanée, on se trouve tout d'abord initié aux secrets les plus compliqués de la théorie, à cette sagesse, cette conduite, cette régularité de jeu que ne peuvent souvent atteindre les amateurs vieillis dans la pratique.

Ce furent cependant là les qualités qui distinguèrent spécialement Eugène à son début. Capable autant que qui que ce soit de produire tous les effets connus, il ne se servit des richesses qu'il avait à sa disposition qu'avec une grande réserve, laissant à d'autres le plaisir d'éblouir la galerie par le prestige de coups extraordinaires, mais désavoués par la prudence. Pour lui, semblable aux artistes dramatiques éminents qui dédaignent tous ces petits moyens à l'aide desquels les acteurs de mélodrame jettent de la poudre aux yeux du public du boulevard, il rejeta le clinquant, les vaines fioritures, pour s'attacher avec sévérité aux véritables principes de l'art. Plus d'un lecteur sourira sans doute à ce mot art présomptueusement accolé au billard; plus d'un même ira jusqu'à crier à la profanation. Qu'on me permette cependant de ne pas le rétracter. Quelle que soit la valeur que l'on donne à ce mot généralement si mal défini, j'avoue qu'il me paraîtrait injuste d'en refuser l'application au billard, lorsque ce jeu est porté à ce degré de perfection.

Dans le jeu d'Eugène tout est positif, certain, prévu, calculé; pas un coup où il ne puisse assigner d'avance, à quelques lignes près, la position que viendront occuper les trois billes. La précision avec laquelle il joue les coups naturels est incroyable, et pour les effets aucun autre n'a pu atteindre la même sûreté, la même exactitude. Joignez à cela une pose gracieuse, un coup de queue plein de facilité et d'élégance, et vous aurez une idée de ce joueur exceptionnel. Depuis ses premiers succès, Eugène n'a pas compté une seule défaite, et l'on pourrait presque avancer qu'avec les moyens dont on dispose aujourd'hui, il n'est pas possible de pousser plus loin les progrès du billard. [...]

Depuis dix ans et surtout ces dernières années, une pléiade de joueurs d'une adresse remarquable a paru dans l'arène avec éclat. Dans ce moment, le café du grand balcon (boulevard des Italiens) est particulièrement le théâtre où les plus connus d'entre eux déploient toutes les ressources de leur talent. Je me suis assez étendu déjà sur le compte du Paysan et sur celui d'Eugène, pour ne pas entrer dans de nouveaux détails sur tous ces joueurs, qui réunissent, au reste, les mêmes qualités à quelques nuances différentes. Je craindrais de plus, en citant les réputations du jour, de me voir contester mon impartialité d'historien par une foule de susceptibilités jalouses.

Le Billard,
anonyme,
1846

Lucien à la poule

En entrant à l'hôtel Grandet, Lucien examinait curieusement ce portier, cette cour, cet escalier au milieu desquels il allait manœuvrer. [...]

Un député du centre complaisant, attaché à la maison, proposa une poule au billard. Lucien reconnut la grosse voix qui, à la Chambre, est chargée de rire quand, par hasard, on fait quelque proposition généreuse.

Madame Grandet sonna avec empressement pour faire allumer le billard. Tout semblait à Lucien avoir une physionomie nouvelle.

«Il est bon à quelque chose, pensa-t-il, d'avoir des projets, quelque ridicules qu'ils soient. Elle a une taille charmante, et le jeu de billard donne cent occasions de se placer dans les poses les plus gracieuses. Il est étonnant que les convenances religieuses du faubourg Saint-Germain ne se soient pas encore avisées de proscrire ce jeu!»

Au billard, Lucien commença à parler, et ne cessa presque pas. Sa gaieté augmentait à mesure que le succès de ses propos communs et lourds venait chasser l'image de l'embarras que devait lui causer l'ordre de faire la cour à madame Grandet. [...]

A la poule, le hasard avait donné à Lucien la bille numéro 6. Un grand jeune homme silencieux, apparemment adorateur muet de la maîtresse de la maison, eut le 5, et madame Grandet le numéro 4. Leuwen essaya de tuer le 5, réussit, et se trouva par là chargé de jouer sur madame Grandet et de la faire perdre, ce dont il s'acquitta avec assez de grâce. Il tentait toujours les coups les plus difficiles, et avait le malheur de ne jamais *faire* la bille de madame Grandet et de la placer presque toujours dans une position avantageuse. Madame Grandet était heureuse.

«La chance de gagner une poule de vingt francs, se dit Lucien, donnerait-elle de l'émotion à cette âme de femme de chambre hôte d'un si beau corps? La poule va finir, voyons si ma conjecture est fondée?»

Lucien se laissa tuer; alors, ce fut au numéro 7 à jouer sur madame Grandet. Ce numéro était tenu par un préfet en congé, grand hâbleur, et porteur de toutes les prétentions, même de celle de bien jouer au billard. Ce fat montrait une exaltation de mauvais goût à parler des coups qu'il allait faire, à menacer madame Grandet, à faire sa bille ou à la mal placer.

Madame Grandet, voyant son sort tellement changé par la mort de Leuwen, prit de l'humeur, les coins de sa bouche si fraîche se serrèrent entre ses dents.

«Ah! voilà sa manière d'être piquée!» se dit Lucien.

Au troisième mauvais coup que lui donnait le préfet impitoyable, madame Grandet regarda Lucien avec l'expression du regret, à quoi Lucien osa répondre en regardant avec l'expression du désir les jolies poses auxquelles madame Grandet s'abandonnait au milieu de sa douleur de perdre. Lucien, tout mort qu'il était, se donnait beaucoup de mouvement autour du billard et suivait la bille de madame Grandet avec l'anxiété du plus vif intérêt. Il prit son parti avec une vivacité affectée et assez plaisante dans une chicane mal fondée qu'elle fit au préfet hâbleur qui était resté seul avec elle et prétendait gagner.

Bientôt madame Grandet perdit la poule, mais Lucien avait fait de tels progrès dans son esprit qu'elle jugea à propos de lui adresser une petite dissertation géométrique et profonde sur les angles que forment les billes d'ivoire en frappant les bandes du billard. Lucien fit des objections.

– Ah! vous êtes élève de l'Ecole polytechnique, mais vous êtes un élève chassé, et sans doute vous n'êtes pas très fort en géométrie.

Lucien invoqua des expériences; on mesura des distances sur le billard; madame Grandet eut l'occasion d'étaler de charmants petits mots de surprise et de jolis éclats de voix. Madame Grandet eut l'occasion de prendre des poses charmantes, et si charmantes qu'une fois, Lucien se dit :

«Voici tout ce que j'aurais pu demander à mademoiselle Gosselin.»

De ce moment, il fut vraiment bien, madame Grandet ne quitta les expériences que pour lui offrir de faire une partie de billard avec elle. Il était piquant pour elle-même, parce qu'il l'étonnait. «Je n'en reviens pas, se disait-elle. Grand Dieu! comme la timidité donne l'air sot à l'homme le plus aimable!»

Stendhal,
Lucien Leuwen,
1894

A la fin du siècle, les règles du billard sont si bien ancrées dans l'esprit public, que l'Encyclopédie Larousse du XIXe siècle peut en détailler les variantes appliquées dans les parties à la mode, en ne s'arrêtant qu'aux points de principe.

Partie des cinq quilles Cette partie comporte toutes les règles du carambolage; elle a pour complément cinq quilles qui sont placées de la manière suivante : sur la mouche du milieu est placée une quille plus élevée que les autres, et autour d'elle, à égale distance, calculée de façon à ce qu'une bille puisse passer juste dans les intervalles, on place quatre quilles plus petites. La bille rouge est comme à l'ordinaire placée sur la mouche du haut; le joueur qui commence la partie peut prendre sur la corde avec sa bille la place qui lui convient, il doit toucher la rouge sans renverser les quilles; s'il manque de touche il perd un point. Pour qu'une ou plusieurs quilles comptent au joueur, il faut qu'elles soient renversées par la bille de son adversaire doublée ou par la rouge également doublée. On appelle *bille doublée* une bille qui après avoir été frappée, touche une bande avant de frapper une autre bille ou une quille.
Le carambolage compte un point. Chaque quille abattue compte également un point à l'exception de celle du milieu qui en vaut cinq, si elle est abattue seule, condition indispensable. Lorsqu'un joueur, après avoir abattu avec la rouge ou la blanche doublée une ou plusieurs quilles, vient à son tour à en abattre avec sa propre bille, les points faits comptent à son adversaire. Si la place d'une quille abattue est occupée par une bille, on relève la quille et on la pose sur une petite mouche au haut du billard à environ cinq centimètres de la bande; on la remet à sa place ordinaire aussitôt que cette place est devenue libre.
Cette partie se joue ordinairement en 50 points.

Partie des voltigeurs Cette partie se joue comme la partie à cinq quilles. Les règles à observer sont les même. Les quilles faites comptent deux points sans exception et elles sont relevées juste à l'endroit où elles sont tombées. Lorsque la bille du joueur abat une quille, son adversaire s'attribue le point fait.

Le cazin Le cazin comme le carambolage se joue avec trois billes, deux blanches et une rouge, plus une quille sur la mouche au milieu du billard. Il est défendu de jouer sur la rouge. Caziner, c'est chasser la bille de son adversaire sur la rouge et cela autant de fois qu'on le pourra : chaque toucher compte quatre points, caramboler du même coup vaut deux points en plus et si la quille est renversée, soit par la bille de l'adversaire, soit par la rouge, le coup vaut dix points, mais il est nécessaire que la bille touche une des bandes avant de renverser la quille. Lorsque le joueur touche la rouge avant d'avoir frappé la blanche, il perd quatre points; il les perd également si sa bille renverse la quille. [...]

Partie russe La partie russe se joue avec cinq billes, deux blanches pour les joueurs, une rouge, une bleue et une jaune. La bille rouge se place sur la mouche du haut, la jaune au milieu du billard et la bleue sur la mouche du bas. Le joueur qui a la main pousse sa bille blanche de manière à la cacher derrière la rouge, il ne doit toucher aucune des billes placées sous peine de perdre un point et de recommencer. L'adversaire joue ensuite son premier coup sur la bille blanche qui vient d'être jouée et ensuite on joue indifféremment sur toutes les billes. La bille blanche faite vaut deux points et peut être envoyée dans toutes les blouses. Les billes rouges et bleues ne peuvent être faites que dans les blouses des quatre coins et valent, la rouge trois points, la bleue quatre. La jaune seule vaut six points; mais elle ne compte que faite dans les deux blouses du milieu. Le joueur qui fait entrer les billes rouges, bleues ou jaunes dans les blouses qui ne leur sont pas spécialement destinées perd le nombre de points indiqués pour chacune de ces billes. Le carambolage pour deux points sur quelque bille qu'il soit fait. Lorsqu'une bille est faite et que sa place spéciale est occupée, elle se place sur la mouche la plus éloignée du joueur. Cette partie se joue en trente-six points. [...]

La poule au bouchon se joue avec deux billes, deux quilles et un bouchon. Les règles sont les mêmes que pour la poule ordinaire. Pour gagner il faut que le joueur abatte le bouchon placé sur la mouche du milieu avec la bille sur laquelle il joue, sans toucher aux quilles d'où l'une occupe la place de la mouche du bas, l'autre la place de la mouche du haut.

L'impérial ou le 31 secret est la poule favorite des grands joueurs de billard. On la joue avec trois billes, deux blanches et une rouge, et cinq quilles placées de la manière suivante :

	3	
4	5	2
	1	

Dans cette partie, les joueurs, après avoir tiré la boule qui leur donne leur numéro d'ordre pour jouer, font un deuxième tirage qu'on appelle celui de la bille secrète; elle est distribuée d'après l'ordre du premier tirage, c'est-à-dire que le joueur qui a eu l'as reçoit la première bille sortie du panier et ainsi de suite. Les billes secrètes sont alors déposées par les joueurs qui les reçoivent dans une case préparée au tableau et placée au-dessus de leurs numéros respectifs. Les chiffres indiqués à la bille secrète sont autant de points faits pour celui à qui elle échoit. Pour gagner la partie, il faut faire exactement trente et un points avec le chiffre donné par la bille secrète; si l'on dépasse trente et un, on est mort. Le joueur qui réussit à abattre les quatre quilles portant les numéros 1, 2, 3, 4, sans abattre le numéro 5, gagne la poule, ce que l'on appelle l'*impériale* ou la *royale*.

Au commencement de la partie, les billes sont placées de la façon suivante : la rouge, sur la mouche du haut, une blanche sur la mouche du bas, la seconde blanche, dont le premier joueur se sert, se place dans le *quartier,* à l'endroit qui paraît le plus convenable au joueur qui est forcé de tirer sur la rouge. Enfin, pour terminer, disons que le nombre des joueurs est limité à seize. Les poules, principalement la *poule au bouchon* et la *poule impériale* sont jouées chez tous les débitants de vins et liqueurs sous le nom de *poule au gibier*. Le patron de l'établissement, pour s'attirer une clientèle, donne une pièce de gibier quelconque comme enjeu à la poule qui se fait chez lui. Il est juste de dire que les joueurs ne jouent pas gratis et qu'ils paient le droit de jouer d'une somme variant de 50 cent. à 1 fr.

L.-F. Pharaon,
Encyclopédie du XIXe siècle,
Larousse

Le billard et la loi

Le droit se trouve fort embarrassé lorsqu'il s'agit du billard. On en verra pour preuve les contradictions dans lesquelles tombent les deux textes juridiques suivants, premier et dernier à raisonner sur cette question! D'abord, l'ordonnance de police d'avril 1655 : elle fut contredite par un arrêté du Parlement de Paris avant même d'entrer en vigueur! Concernant le code civil en cours aujourd'hui, le raisonnement d'après lequel le billard peut être exclu de la légitimité accordée aux jeux d'exercices corporels parce qu'il contiendrait une part de hasard paraît boiteux, surtout si l'on considère que le même texte ne repousse pas les boules, les quilles, la boxe et le tennis!

TRAITÉ DE LA POLICE,

Où l'on trouvera

L'HISTOIRE DE SON ETABLISSEMENT, LES FONCTIONS ET LES PREROGATIVES DE SES MAGISTRATS; TOUTES LES LOIX ET TOUS LES REGLEMENS QUI LA CONCERNENT:

On y a joint

UNE DESCRIPTION HISTORIQUE ET TOPOGRAPHIQUE DE PARIS, & huit Plans gravez, qui representent son ancien Etat, & ses divers accroissemens,

AVEC UN RECUEIL DE TOUS LES STATUTS ET REGLEMENS DES SIX CORPS DES MARCHANDS, & de toutes les Communautez des Arts & Métiers.

SECONDE EDITION AUGMENTÉE

Par M. DELAMARE, Conseiller-Commissaire du Roy au Châtelet de Paris.

TOME PREMIER.

A PARIS,

Chez MICHEL BRUNET, Grand' Salle du Palais, au Mercure Galant.

MDCCXXII.

AVEC PRIVILEGE DE SA MAJESTÉ.

«Ordonnance de Police contre les académies de jeux de cartes et de billard, publiée et affichée le même jour»

Sur ce qui nous a été remontré par le procureur du roi, que pendant les mouvements derniers plusieurs personnes se sont licenciées de tenir des académies publiques en leurs maisons et de donner à jouer aux cartes, dés, et autres jeux prohibés par les ordonnances; lequel désordre s'est porté jusque dans les jeux de paume, en aucuns desquels il se tient brelan public, et même plusieurs maîtres-paumiers ont établi des billards dans leurs maisons, et sous ce prétexte donnent à jouer indifféremment à tout venant : et d'autant que telle licence emporte avec soi la dépravation des bonnes mœurs, cause la ruine de plusieurs familles, et qu'aucuns particuliers transportés de colère par la perte de leurs biens, se portent à des serments et blasphèmes exécrables, il requiert qu'il nous plaise y pourvoir : nous disons, ouï sur ce le procureur du roi, que conformément aux ordonnances et arrêts, défenses sont faites à toutes personnes de quelque qualité et condition qu'elles soient, de tenir académies et brelans dans leur maison, de donner à jouer aux dés, cartes, billards, et autres jeux prohibés; à peine de punition corporelle contre ceux qui tiendront lesdites académies et brelans; et de confiscation de leurs meubles : et à l'égard des propriétaires des maisons où se tiennent lesdites académies d'être privés des loyers desdites maisons pendant un an, et de mille livres d'amende contre chacun des joueurs; le tout applicable moitié au roi, et l'autre à l'Hôtel-Dieu. Enjoignons à tous les maîtres-paumiers, raquettiers, et autres personnes qui ont des billards dans leurs maisons, de les ôter et démonter dans trois jours, sur les mêmes peines. Mandons aux commissaires du Châtelet, chacun dans leur quartiers, de tenir la main à l'exécution des présentes, faire les perquisitions nécessaires dans leurs quartiers, et nous en faire rapport. Et afin que nul n'en prétende cause d'ignorance, sera notre présente ordonnance lue, publiée et affichée dans tous les carrefours et lieux ordinaires de cette ville et faubourgs de Paris. Ce fut fait et donné par nous Dreux Daubray, seigneur d'Ossemont, Villiers et autres lieux, conseiller du Roy en ses conseils, et lieutenant civil de la ville, prévôté et vicomté de Paris, le sixième avril mil six cent cinquante-cinq.

Nicolas Delamare,
Traité de la police,
Livre III, titre IV, 1722

Le code civil

Généralités

1. Le code civil range le jeu et le pari parmi les contrats aléatoires (art. 1964) et leur consacre trois articles (art. 1965 à 1967), mais il ne les définit pas. Certains jeux et certains paris sont en outre soumis à des règles spéciales par diverses lois de caractère pénal.
2. Le contrat de *jeu* est une convention par laquelle deux ou plusieurs personnes se livrant à un jeu s'engagent à payer à celle d'entre elles qui gagnera, une somme d'argent ou à remettre quelque autre objet déterminé, appelé enjeu.
3. Tout jeu suppose à la fois une part d'adresse et d'habileté et une part de hasard. Les jeux dans lesquels la part qui dépend de l'habileté des joueurs prédomine sont dits *jeux d'adresse, de combinaison ou de commerce*. Ceux qui dépendent principalement de la chance sont dits *jeux de hasard*. Ainsi sont des jeux de hasard, le poker, le billard, au moins lorsque aucun élément étranger ne s'y mêle. Certains jeux de cartes qui, comme le bridge-contrat, exigent une opération de l'intelligence. Même dans les jeux dits de hasard, il y a place pour certaines combinaisons de l'esprit. Même dans les jeux dits d'adresse, le hasard joue un rôle, car le joueur le plus habile et le mieux avisé peut avoir une défaillance et être desservi par les circonstances. La distinction entre jeux de hasard et jeux d'adresse est surtout importante au point de vue pénal, les jeux de hasard fournissant seuls en principe matière à répression.
4. Les jeux d'adresse se subdivisent eux-mêmes en deux catégories : *les jeux d'adresse corporelle* qui tiennent aux exercices du corps et dépendent surtout de la force ou de l'adresse physique des

joueurs, comme le saut, la course, la lutte, et *les jeux d'adresse intellectuelle* ou de combinaison tels que les dominos, le jacquet et les jeux de cartes, dans lesquels les combinaisons de l'esprit peuvent jusqu'à un certain point maîtriser la chance. Les jeux d'adresse corporelle bénéficient d'un régime de faveur, qui les fait rentrer dans le droit commun des contrats.

5. Le *pari* est un contrat par lequel deux ou plusieurs personnes, qui sont d'un avis contraire sur un sujet quelconque, conviennent que celles dont l'opinion sera reconnue exacte recevront des autres une somme d'argent ou un objet déterminé. Ainsi constitue un pari, la convention par laquelle deux commerçants conviennent que celui d'entre eux, dont le magasin sera reconnu avoir la superficie la plus petite, paiera une certaine somme à l'autre. [...]

SECT. 2 - Jeux et paris soumis à une réglementation particulière.

92. Le principe d'après lequel les conventions de jeux et de paris sont privées de tout effet par la *loi civile*, mais ne sont pas interdits par la loi pénale, souffre deux sortes de dérogations. D'une part, la loi civile fait, pour des raisons d'ailleurs diverses, rentrer certaines catégories de jeux et de paris dans le droit commun en écartant pour eux l'application des articles 1965 et 1967 du code civil. D'autre part, la *loi pénale* édicte certaines prohibitions destinées à prévenir les abus auxquels pourrait conduire la pratique de jeux considérés comme particulièrement dangereux et immoraux, ce qui a pour conséquence de soumettre les jeux pratiqués dans ces conditions à un régime spécial même au point de vue civil.

ART. 1er. - JEUX ET PARIS DONNANT LIEU A UNE ACTION EN PAIEMENT DANS LES TERMES DU DROIT COMMUN.

§ 1er. - Jeux d'adresse corporelle prévus par l'article 1966 du code civil.

93. Favorables avant la lettre à l'éducation physique et aux sports, les auteurs du code civil ont excepté de la prohibition qu'ils venaient d'édicter dans l'article 1965 du code civil «les jeux tenant à l'adresse et à l'exercice du corps», ce qui a pour conséquence de faire que les conventions ayant ces jeux pour objet, donnent naissance à une action en justice dans les termes du droit commun. Cette mesure de faveur tient, d'une part, à ce que l'intérêt public commande d'encourager tout ce qui peut contribuer au développement de la culture physique, et, d'autre part, à ce que le rôle qui revient au hasard dans ces sortes de jeux est si faible qu'on peut à peine les considérer comme des contrats aléatoires.

A. - Jeux constituant des jeux d'adresse corporelle au sens de l'article 1966 du code civil.

94. L'article 1966 du code civil range expressément au nombre des jeux faisant exception à la règle posée par l'article 1965 «les jeux propres à exercer au fait des armes, les courses à pied ou à cheval, les courses de chariot, le jeu de paume». Mais, il résulte des termes même de cet article que cette énumération n'est pas limitative et que «tout autre jeu tenant à l'adresse et à l'exercice du corps» donne également le droit au gagnant de poursuivre judiciairement le recouvrement de l'enjeu. Ainsi doivent être considérés comme jeu d'adresse au sens de l'article 1966, le saut, le disque, la joute à la nage, à la rame ou à la voile, les régates, la joute à armes courtoises

notamment, la lutte à la canne, au fleuret ou à l'épée; la boxe, le lan-tennis, le foot-ball, le jeu de boules, le jeu de quilles, les jeux de tir, les courses de bicyclettes, d'automobiles ou d'avions.

95. Pour qu'un jeu d'adresse rentre dans l'exception prévue par l'article 1966 du code civil, il ne suffit pas que dans ce jeu la part principale revienne à l'habileté du joueur; il faut encore qu'il implique un exercice du corps. Sont donc exclus des prévisions de l'article 1966 les jeux supposant seulement une *adresse d'ordre intellectuel*, tels que les jeux de dames ou d'échecs. A plus forte raison en est-il de même des jeux où les combinaisons de l'esprit se trouvent plus ou moins entravées par l'intervention du hasard, comme c'est le cas pour de nombreux jeux de cartes tels le piquet, le bésigue, la mouche, la belote, le whist ou le bridge, bien qu'au point de vue pénal ces jeux ne soient pas considérés comme des jeux de hasard.

96. Il y a controverse sur le point de savoir si l'article 1966 est applicable aux jeux qui participent à la fois aux jeux d'adresse corporelle et aux jeux de hasard. La question s'est posée, notamment au sujet du jeu de billard. Ce jeu tient en effet à l'adresse et à l'exercice du corps mais laisse une certaine place au hasard. Certains arrêts ont admis qu'il devait être considéré comme étant «de même nature» que ceux énumérés par l'article 1966, et en particulier que le jeu de paume. [...] Mais d'autres arrêts se sont prononcés en sens contraire.

Encyclopédie du droit,
Dalloz, 1992

Du billard au flipper

Paradoxe du moralisme puritain : utiliser le jeu de hasard pour moraliser le jeu d'argent; interdire les enjeux et paris sur les jeux d'adresse, comme le billard, où les mises circulent entre la communauté des joueurs; mais les autoriser sur les jeux de hasard, où la plupart des enjeux sont prélevés au profit de la banque tenue par l'Etat. Conclusion : au XXe siècle, les flippers remplacent les billards dans les cafés !

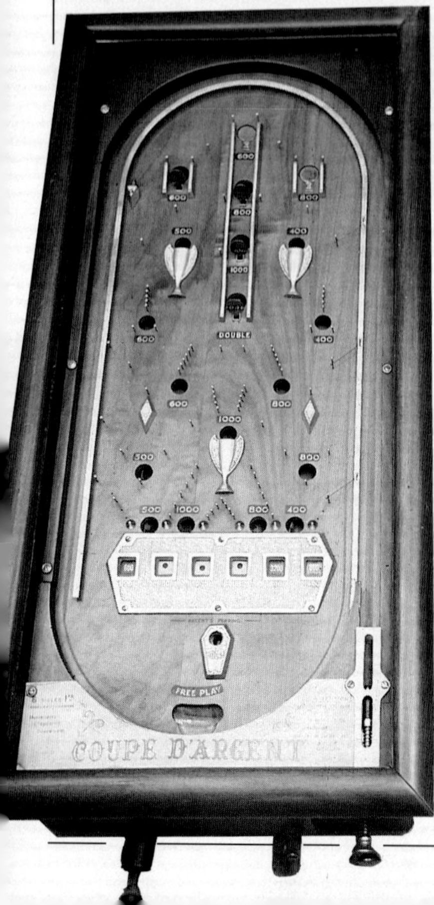

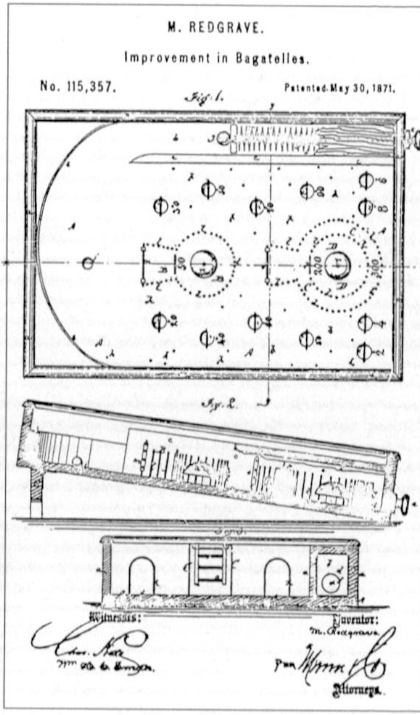

A gauche, modèle «Silver Cup Genco», 1933, avec premiers compteurs mécaniques. Ci-dessus, «Improvement in Bagatelle», de M. Redgrave, 1871, avec l'invention du lance-bille. Ci-dessous modèle de 1932.

SENSATIONAL
Player-Controlled
FLIPPER BUMPERS

for
GOTTLIEB
HUMPTY DUMPTY

Ci-contre, modèle «Contact Exhibit», 1939, créé par Harry Williams, pour l'invention du «tilt». Ci-dessus, «Bank-a-Ball», Gottlieb, 1950, avec les premiers «flippers».

Un art et un sport

Qu'elle vienne de mathématiciens comme Coriolis ou de joueurs professionnels comme Mingaud, au XIXe siècle, la théorie du billard se concentre sur les différents coups et la manière de les exécuter. Les auteurs du XXe siècle, également recrutés parmi les grands champions, déplacent le problème. Ils s'intéressent autant au «mécanisme» corporel, qu'à la conception qu'il faut acquérir pour exécuter les séries qui sont à la clé du jeu conçu comme un sport de compétition.

Position du joueur. Différentes positions de la queue et manières de la tenir

La position où le joueur aura le plus de solidité, en même temps que le plus de liberté dans les mouvements du torse et des bras, sera évidemment la meilleure.

Nous recommanderons donc de poser le pied gauche en avant, le droit en arrière et d'effacer le corps.

Il faut se placer à gauche du prolongement de la ligne droite tirée des billes 1 et 2, car ce prolongement sera précisément la queue du joueur qui parfois frôlera ses vêtements.

Eviter le plus possible la raideur et tout ce qui cause la gêne.

La main gauche devra être posée sur le tapis de dix à vingt-cinq centimètres de la bille 1, de la façon qui sera expliquée ci-dessous.

Plus elle sera près de la bille, plus le coup sera assuré. – Plus elle s'en éloignera, plus il sera possible de le donner avec force et élan.

On pourrait énoncer en billard cet axiome :

Ce qu'on gagne en force on le perd en justesse, et réciproquement.

Le procédé devra ne dépasser la main gauche que de deux ou trois centimètres.

Le joueur étant ainsi placé devra ajuster ou viser avec le plus grand soin; au besoin reculer la tête et même se baisser légèrement s'il le faut.

Nous supposons l'œil du joueur, toujours à l'extrémité du talon et visant avec la queue, comme on le fait avec un fusil.

La pratique, d'ailleurs, donne au billard une justesse à peu près suffisante à tous les amateurs, du moins quant à l'attaque.

Ceci fait, il devra tenter deux ou trois coups d'essai, en ayant soin d'arrêter sa

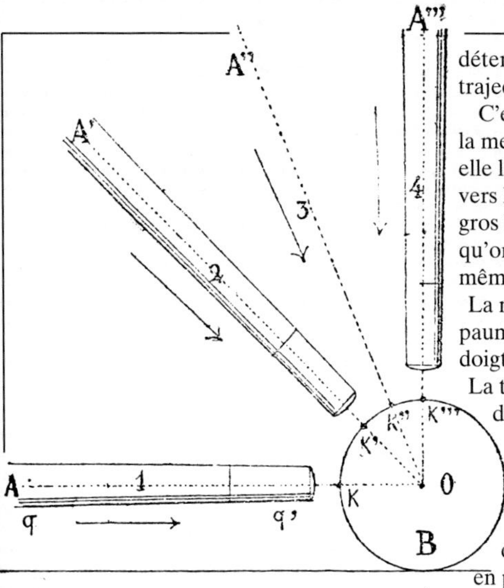

détermine la ligne de trajet ou trajectoire de la bille.

C'est la main droite qui a charge de la mettre en mouvement. Pour cela, elle la saisit sans la serrer, légèrement, vers le quart de sa longueur à partir du gros bout. On choisit la place, de façon qu'on puisse la manœuvrer facilement, même par un simple jeu du poignet.

La main pend presque verticale, la paume est au-dessus de la queue, les doigts sont arrondis par-dessous.

La tâche de la main gauche est de diriger l'instrument.

Nous allons déterminer sa position :

Allongez-la d'abord à plat sur le tapis, puis rapprochez le bout des doigts en les laissant rigides, et en pliant seulement la première articulation. – De cette manière, les doigts forment un angle à peu près droit avec la paume de la main, qui seule avec le bout des doigts reposera sur le tapis.

En même temps, relevez le pouce le plus possible en l'écartant. C'est dans le créneau formé par cet écartement que l'on pose la queue.

On peut aussi *boucler la queue* : c'est-à-dire que la main étant repliée sur le tapis, on abaisse le pouce et on élève l'index en le gardant plié en forme d'anneau. Dans le vide ainsi laissé, on fait passer la queue qui, maintenue en dessous par le pouce, se trouve *bouclée* de toute part.

Voici un tableau dans lequel nous avons indiqué les principales positions de la queue.

Ce classement n'est point absolu, mais il permet de formuler certaines remarques et observations difficiles à grouper avec ordre.

Soit T T', la table de billard; – B, la bille à jouer dont le centre est O; – AO, A'O, A''O, A'''O, les axes des différentes

queue avant qu'elle ait atteint la bille, et ne lancer son coup définitif que quand il l'aura assuré, autant qu'il lui est possible.

Les commençants se trompent souvent et même font *fausse queue*. Ils ne regardent que la bille 2, et, à leur insu, dérangent leur attaque.

Ils doivent, jusqu'à ce qu'ils soient sûrs de la rectitude de leur tir, regarder surtout leur bille 1, sans cela, ils ne se rendront jamais compte de la faute commise.

Il est néanmoins certain que tous les vrais amateurs, après avoir visé et essayé leur attaque, peuvent jouer littéralement *les yeux fermés*.

J'en connais qui s'amusent à tourner la tête, enlèvent la queue de la main gauche, la frappent plusieurs fois sur le tapis, la replacent et carambolent sans avoir regardé depuis le viser.

Le *viser* est l'acte premier du joueur en action, on pourrait dire qu'il est le plus important, car de sa rectitude dépendront tous les autres.

La direction de l'axe de la queue

positions occupées par la queue Q,Q'.

K, K', K", K'", points d'attaque, seront les points où l'axe touchera la bille B, la direction donnée à la queue étant celle du centre O.

On attaquera la bille B, au point qui apparaîtra comme central au joueur, dont l'œil est censé au talon. (Voir au vocabulaire le mot Centre.)

La queue opérant de Q en Q', dans le sens de la flèche indicatrice, produira son maximum de propulsion quand elle sera en la position horizontale, c'est-à-dire parallèle à la table de billard. (Position 1.)

A mesure qu'elle s'élève et prend les positions 2 et 3, le mouvement de translation qu'elle imprime à la bille s'affaiblit; il est complètement nul dans la position 4, où elle est exactement verticale.

On le comprend du reste, puisque, si nous admettons que la bille soit exactement frappée au milieu, la table s'opposera à toute impulsion et résistera à la pression opérée par la queue.

Il résulte de ce principe que, dans les coups nécessitant le maximum de translation que peut produire le joueur, la queue devra être horizontale; verticale pour le maximum d'effet.

Une autre règle indispensable à connaître est celle-ci :

Toutes les fois que la bille sera attaquée d'une façon autre que l'horizontalité, si le point touché par le procédé n'est pas exactement au milieu par rapport à la direction de la queue, elle décrira une courbe qui s'accentuera suivant que la queue se rapprochera de la verticalité.

Les points d'attaque K, K', K", K'", sont le centre ou plus exactement sur la ligne du centre du cercle de projection de la bille.

En un mot et plus simplement, le centre du cercle que perçoit l'œil placé au talon, est successivement K, K', K", K'". Eh bien! si ces points d'attaque étaient déplacés à droite ou à gauche du centre, la bille décrirait une courbe à droite ou à gauche.

Au reste, nous reviendrons avec plus de détails sur la plupart de ces principes.

Nous essayerons de formuler cette règle d'une façon plus claire. Malheureusement la chose est difficile sans tomber dans des théories de mathématiques pures.

Avec la position de la queue, celle des mains varie sensiblement.

Mais, tant que l'obliquité est inférieure à 45 degrés environ, il n'y a qu'à opérer comme nous l'avons indiqué, la paume en dessus, les ongles faisant face à la terre.

Lorsque l'obliquité est plus grande, c'est-à-dire quand l'axe forme avec la table T T' un angle plus grand, et par suite se trouve dans la position 2, 3 ou 4, il y a lieu d'appliquer des méthodes différentes.

Nous les expliquerons lorsque nous traiterons du Massé et du Piqué.

Disons d'ores et déjà que la verticalité de la queue est en principe plus grande dans le Massé que dans le Piqué, mais que ce n'est point une règle; ni surtout la véritable manière de différencier les deux coups.

En général le Piqué prendra position entre les directions 2 et 3, le Massé entre 3 et la verticalité parfaite.

Maurice Vignaux,
Le Billard,
Delarue, v. 1900

Ci-contre, Willie Hoppe, qui vient de se retirer de la scène sportive, et Mme Kasako Katsure, championne japonaise, lors d'une exhibition à Philadelphie en 1953. Mme Katsure montre comment faire sauter la bille par-dessus une queue de billard.

Choix d'une bonne queue de billard

La queue est l'un des facteurs les plus importants du jeu. Donnez à un joueur une queue qu'il peut manipuler et regardez sa position. Les principaux éléments à considérer dans une queue sont le poids, la longueur, la forme et le genre du procédé, le fût, l'armature, le diamètre, la conicité (forme), l'équilibre et ses qualités générales de jeu. Il faut également connaître la façon de l'entretenir et d'utiliser le bleu.

Alors que ces principes peuvent paraître secondaires à un joueur moyen, leur importance est évidente aux yeux d'un expert ou d'un joueur relativement fort. C'est à cause de l'importance de la queue que je commence mon livre par un chapitre intitulé : «Choix d'une bonne queue de billard».

Poids de la queue

Les joueurs de billard commettent souvent l'erreur de choisir une queue très longue et très lourde avec un petit procédé. J'encourage tous les joueurs à utiliser une queue qui pèse entre 510 et 570 g, et qui mesure entre 1,37 et 1,42 m avec un procédé de 12 mm de diamètre.

Le fait qu'une queue très lourde permette de faire parcourir une plus grande distance à la bille n°1 semble séduire la plupart des joueurs, qui aiment voir une bille toucher de nombreuses bandes. C'est, bien sûr, la raison pour laquelle il vaut mieux utiliser une queue plus lourde pour jouer au trois-bandes. La bille doit, en effet, parcourir une distance plus importante au trois-bandes qu'à la partie libre, la bande ou au cadre.

Il est à la fois important et intéressant de remarquer que tous les grands joueurs professionnels utilisent des queues de billard qui ont à peu près le même poids et la même longueur. Welker Cochran utilise la plus lourde, qui pèse 595 g. Celle de Jake Schaefer pèse 538 g. Presque tous les excellents joueurs connus utilisent une queue pesant entre 538 et 595 g. Je ne connais pas de joueur faisant autorité qui utilise une queue dépassant 595 g. Le poids moyen des queues utilisées par les vedettes est de 567 g.

Pour ma part, j'utilise une queue pesant entre 553 et 560 g.

Longueur de la queue

En ce qui concerne la longueur de la queue, les différences sont minimes. Les meilleurs joueurs aiment les queues qui mesurent entre 1,37 et 1,45 m. Une queue mesurant 1,40 m est, dans la plupart des cas, suffisamment longue pour le trois-bandes. C'est la longueur de la mienne. Pour la partie libre, la bande, le cadre et les autres modes de jeu, je préconise une longueur de 1,37 m.

Les procédés

Utilisez des procédés ayant approximativement 12 mm de diamètre. De nombreux joueurs, débutants ou expérimentés, préfèrent un petit procédé, mais il a été prouvé que la précision et la fermeté du coup, ainsi que le contrôle de la bille n°1, sont mieux obtenus avec un procédé de 12 mm. Les joueurs professionnels utilisent un procédé en cuir très dur. Seule la surface doit être suffisamment tendre; il faut, en effet, que l'extrémité soit rugueuse, que le bleu tienne. Les procédés mous sont à éviter.

Choix d'une queue appropriée

Choisissez une queue qui soit en harmonie avec votre puissance physique. Appliquez-vous spécialement au choix du bon calibre. Certains joueurs préfèrent les types élancés, d'autres les modèles trapus, soit pour la flèche, soit pour le fût, ou encore pour les deux. Je conseille aux joueurs de posséder leur propre queue et de préférence une queue démontable de ma conception .

Si vous n'avez pas de queue personnelle, habituez-vous, autant que possible, à jouer avec des queues de longueur et de poids constants. Une queue trop lourde paralyse les nerfs du bras et les rend incapables d'évaluer convenablement la force employée, ce qui, entre autres, affecte énormément l'élément le plus important du jeu : la vitesse. D'autre part, si la queue est trop légère, il faut déployer trop de force pour obtenir un coup de queue soutenu et ferme. Sans cette sensation communiquée à la main à travers la queue, lorsqu'elle entre en contact avec la bille n°1, il serait impossible de bien jouer au billard.

Queues démontables - Calibres ou flèches

Comme je l'ai déjà dit, il vaut mieux utiliser une queue démontable. Celle-ci est faite de deux parties : la flèche et le fût, reliés par un tourillon. Lorsque les flèches sont tordues, usées ou cassées, on peut les remplacer. Les joueurs qui changent de salle pour jouer à leur jeu préféré trouvent également les queues démontables très pratiques.

Tous les joueurs expérimentés utilisent des queues démontables avec des flèches supplémentaires. Lorsqu'ils ont un problème avec l'une de leurs flèches, ils peuvent immédiatement la remplacer. Il faut choisir le diamètre de flèche qui convient le mieux au chevalet de votre main.

Comment entretenir votre queue de billard

Lorsque vous ne vous en servez pas, votre queue doit être rangée dans son porte-queue (ou son étui) à l'abri de la chaleur ou de l'humidité excessives, pour éviter qu'elle ne se fausse.

Une queue doit être droite, car une déviation non seulement distrait l'œil, mais encore intervient sérieusement dans le jeu. Si la queue n'est pas suffisamment rigide, elle se plie légèrement avant de provoquer la trajectoire de la bille. Cela n'est pas visible à l'œil nu, mais la déviation entraîne une attaque mal assurée.

Il faut, de temps en temps, passer la queue au papier de verre fin. Le procédé en cuir, en particulier, doit être souvent passé au papier de verre pour ne pas déborder de la flèche. Cette saillie du cuir, provoquée par le contact avec la bille, entraîne souvent des fausses queues. Le procédé doit être arrondi à l'extrémité.

Le procédé sert à amortir chaque choc. Il doit aussi fournir une belle surface pour frapper la bille n°1.

Le procédé en cuir est donc très important, parce qu'il est en contact direct avec la bille.

Pour ces raisons, quand votre procédé devient trop dur et lustré, ou trop mou, façonnez-le avec une petite lime mordante. Taillez l'extrémité à coups obliques et nets, puis limez jusqu'à ce que la surface soit légèrement rugueuse, ce qui permettra au procédé de mieux s'imprégner de bleu. Ne vous servez pas de la lime avec un mouvement de raclage, vous déchireriez votre procédé.

Prenez ensuite un chiffon, mouillé et humectez les côtés du procédé. Terminez le poli avec l'envers du papier de verre ou avec un morceau de cuir souple. Cette opération a pour effet de durcir les bords, de rendre le procédé ferme et de l'empêcher de se déformer.

N'oubliez jamais ceci : un procédé qui est bien taillé et bien façonné s'imprègne mieux de bleu, ce qui évite les fausses queues et, bien sûr, permet un meilleur jeu.

Comment utiliser le bleu

Le bleu fournit une pellicule abrasive entre le cuir du procédé et la surface de la bille n°1, dont l'adhérence aide la queue à communiquer à la bille la poussée appropriée.

Le bleu empêche les fausses queues – et les fausses queues font souvent la différence entre un bon jeu et un jeu médiocre – une partie gagnée ou perdue.

La meilleure façon de mettre du bleu est de tenir la craie parfaitement horizontale à l'extrémité du procédé et de le faire tourner sur lui-même avec quelques mouvements vifs du poignet. inclinez légèrement le bleu pour les bords. Ne faites pas tourner le procédé en tenant le bleu dans l'autre main immobile. C'est une erreur commise par la plupart des joueurs, surtout débutants. Ne tenez pas non plus le bleu presque vertical en faisant tourner la queue. De cette façon, vous usez le bord du procédé, ce qui entraîne des fausses queues et empêche le bleu d'adhérer correctement au procédé.

Une queue que vous avez bien en main, ni trop longue, ni trop lourde, ni trop courte, ni trop légère, un entretien et un usage appropriés des procédés, un bleu passé régulièrement et bien sur le procédé vous permettent, parce que vous ferez moins de fausses queues, etc., de jouer le mieux possible.

Willie Hoppe,
Le Billard,
Denoël, 1974
(traduction de *Billiards as it should be played,* 1941, Chicago.)

Fable : Les deux moutons et le chien de berger

Mais n'allons pas trop vite…

Examinons maintenant les billes. Quelle image vous en faites-vous ?

L'élève. – J'avoue ne m'être jamais posé la question.

Le professeur. – Moi j'ai toujours considéré – ne riez pas – les billes 2 et 3

Roger Conti, en 1925, entouré par Poteau – l'arbitre –, Derbier et Grange.

un peu comme deux moutons, évidemment très indociles, et la bille 1, c'est-à-dire la nôtre, comme un chien de berger.

Et vous voyez où je veux en venir.

Le chien aura comme tâche de grouper d'abord les deux moutons, de les conduire ensuite dans une des deux zones favorables, de les y ramener s'ils s'en échappent…

L'élève. – C'est une véritable stratégie!

Le professeur. – Mais qui serait inopérante si elle n'avait – dans le but de maîtriser efficacement les moutons – comme ligne générale, comme orientation permanente, comme but précis, la direction des bergeries ou, suivant les modes de jeu, les bergeries elles-mêmes (partie libre) c'est-à-dire les coins.

Vous me suivez?

L'élève. – Pas à pas… mais je crois quand même…

Le professeur. – Dites le fond de votre pensée…

L'élève. – Qu'il est plus facile de garder deux moutons que de maintenir deux billes dans le 1/3 du billard.

Le professeur. – Il est évident que notre rôle est beaucoup plus compliqué que celui du chien, puisque nous devons, chaque fois, assurer le carambolage.

L'élève. – C'est ce que je pensais.

Le professeur. – Mais nous possédons, nous, quelques atouts non négligeables.

Notre mécanisme d'abord…

L'élève. – Toujours vulnérable!

Le professeur. – Entièrement d'accord! Mais qui offre quand même – parce que logiquement travaillé et mis au point – quelques garanties par rapport aux coups de queue d'instinct, certains principes ensuite – principes refuges basés sur le raisonnement –que nous mettrons sans cesse en application, précisément dans le but de secourir le muscle, et que nous allons peu à peu découvrir, analyser et définir.

Et nous commencerons par celui qui nous vient immédiatement à l'esprit, parce qu'il a permis de rendre vraisemblable notre stratégie champêtre et surtout parce qu'il est le principe fondamental de toute méthode rationnelle.

Ce principe est, … aidez moi…

L'élève… – Je ne vois pas très bien.

Le professeur. – Le principe de la dominante.

L'élève… – C'est ridicule… parce que je le savais.

Le professeur. – Dans ce cas, je vais immédiatement vous donner l'occasion de vous «repêcher».

L'élève. – J'ai l'impression d'être candidat au jeu : quitte ou double…

Le professeur. – Qu'est exactement la dominante?

L'élève. – C'est la position qui permet d'avoir les billes devant soi.

Le professeur. – Tiens! tiens! Ce qui reviendrait à dire que cette position dans laquelle les billes 2 et 3 sont bien devant vous, est une dominante?

L'élève. – Je me suis mal expliqué : il faut avoir les billes devant soi, c'est certain, mais toujours dans une zone favorable, c'est-à-dire dans le 1/3 du billard.

Le professeur. – Moi je veux bien. Nous allons, en conséquence, déplacer les billes et reconstituer votre position dans le 1/3 du billard. Est-ce une dominante?

L'élève. – Evidemment! les billes 2 et 3 s'échappant…

Le professeur. – Cela ne peut être une dominante, vous en convenez.

L'élève. – C'est exact, mais je crois que j'ai trouvé!

Le professeur. – Je vous écoute.

L'élève. – La dominante est une position qui consiste à avoir les billes 2 et 3 devant soi, de telle manière qu'elles ne peuvent pas s'échapper.

Le professeur. – Bravo! Vous énoncez, avec autorité, des choses tout à fait imprécises. Mais croyez-vous qu'un élève comprendrait votre définition?

L'élève. – Mais c'est quand même un peu ça…

Le professeur. – Vous allez pouvoir juger par vous-même…

La dominante est la position qui permet de maintenir, de conserver les billes 2 et 3 devant soi, toujours en direction des coins et cela par la seule utilisation du rejet naturel provoqué par le choc des billes.

L'élève. – Du rejet naturel?

Le professeur. – Exactement. C'est-à-dire sans être dans l'obligation de se servir du rétro.

Voilà ce qu'est la dominante.

Voulez-vous maintenant placer une position de dominante?

(L'élève, après quelques hésitations, place enfin la position voulue.)

Le professeur. – C'est bien une position de dominante. Nous pouvons, en effet, sans faire appel au rétro, pousser les billes 2 et 3 devant nous et en direction du coin.

Pourriez-vous me dire maintenant quelle est la forme de série qui illustre le mieux le principe de la dominante?

L'élève. – Toutes les formes de série, avez-vous dit, doivent avoir – logiquement – comme principe fondamental la dominante.

Le professeur. – C'est entendu… Mais il s'agit maintenant d'une série spéciale, d'une série-type, pour qui la dominante est beaucoup plus qu'un principe fondamental.

Elle en est, si j'ose dire, la raison d'être, de subsister, à telle enseigne que cette série perd immédiatement son efficacité prolifique, si le principe de la dominante est en échec.

Cette série, qui ne peut se jouer que contre les bandes, c'est…

L'élève. – J'y suis. C'est la série américaine.

Le professeur. – Mais, oui, la série américaine.

Roger Conti,
Le billard, cet inconnu,
1957

FILMOGRAPHIE

R. : réalisateur
Int. : interprète(s)

Films dont le thème principal est le billard

– *Arnaqueur (L')/The Hustler* (1961). R. Robert Rossen (E.-U.). Int. Paul Newman.
– *Couleur de l'Argent (La)/The color of money* (1987). R. Martin Scorsese (E.-U.). Int. Paul Newman, Tom Cruise.
– *Des frissons partout* (1964). R. Raoul André (France). Int. Eddie Constantine.
– *Driver/The Driver* (1978). R. Walter Hill (E.-U.). Int. Bruce Dern.
– *Revanche à Baltimore/The Baltimore Bullet* (1980). R. Robert E. Miller (E.-U.). Int. James Coburn, Omar Sharif.

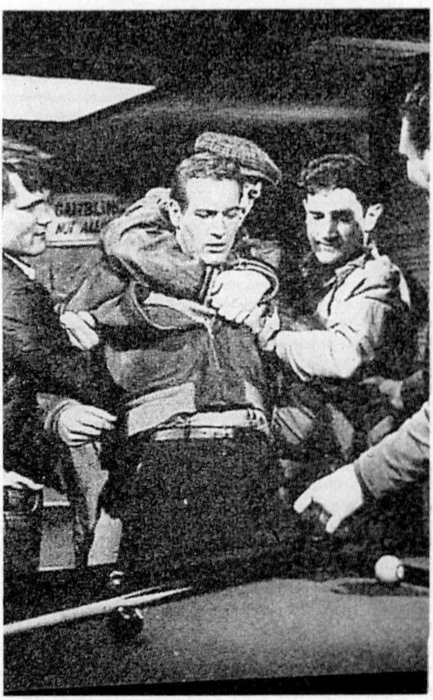

Paul Newman, dans *L'Arnaqueur*, de Robert Rossen, 1961.

OCCUPANCY
BY MORE THAN
PERSONS IS
DANGEROUS
AND UNLAWFUL

A gauche, Omar Sharif, ci-dessus avec James Coburn, dans *Revanche à Baltimore*, de R. E. Miller, 1980.

Ci-dessus, affiche de *Des frissons partout*, de Raoul André, 1964. A droite et ci-dessous, Paul Newman et Tom Cruise dans *La Couleur de l'argent*, de Martin Scorsese, 1987.

Films avec scènes de billard significatives

– *Americain (L')* (1969). R. Marcel Bozzuffi (France). Int. Jean-Louis Trintignant, Simone Signoret.
–*Aventure à Manhattan/Manhattan Melodrama* (1934). R. W.S. Van Dyke (E.-U.).
– *Ballade des sans espoir (La)/Too late blues* (1962). R. John Cassavetes (E.-U.). Int. John Cassavetes.
– *Barcarole* (1935). R. Gehrard Lamprecht (Allemagne).
– *Clan des Siciliens (Le)* (1969). R. Henri Verneuil. (France) Int. Jean Gabin.
– *Dans la ville blanche* (1983). R. Alain Tanner (Suisse). Int. Bruno Ganz.
– *Le Doulos* (1962). R. Jean-Pierre Melville (France). Int. Jean-Paul Belmondo, Serge Reggiani.
– *Engrenages/House of games* (1987). R. David Mamet (E.-U.).
– *Limier (Le)/Sleuth* (1973). R. Joseph, L. Mankiewicz (E.-U.). Int. Laurence Olivier, Michaël Caine.
– *Mac Coy aux poings d'or/Killer Mac Coy* (1947). R. Roy Rowland (E.-U.). Int. Mickey Rooney.
– *Maison de Bambou (la)/House of Bamboo* (1955). R. Samuel Fuller (E.-U.). Int. Robert Ryan, Robert Stack.
– *Maison des sept péchés (la)/Seven Sinners* (1940). R. Tay Garnett (E.-U.). Int. Marlène Dietrich, John Wayne.
– *Mélodie en sous-sol* (1963). R. Henri Verneuil (France). Int. Jean Gabin, Alain Delon.
– *Métamorphose des cloportes* (1966). R. Pierre Granier-Deferre (France). Int. Lino Ventura.
– *Nous sommes tous des assassins* (1951). R. André Cayatte (France).
– *Party (la)/The party* (1968). R. Blake Edwards (E.-U.). Int. Peter Sellers.
– *Poker* (1987). R. Catherine Corsini (France). Int. Pierre Arditi.
– *Sherlock Junior* (1924). R. Buster Keaton (E.-U.). Int. Buster Keaton.
– *Une place au soleil/A place in the sun* (1951). R. George Stevens. Int. Montgomery Clift, Elizabeth Taylor.
– *Vie de château (La)* (1965). R. Jean-Paul Rappeneau (France). Int. Philippe Noiret, Catherine Deneuve.
– *Zizanie (La)* (1978). R. Claude Zidi (France). Int. Louis de Funès.

Louis de Funès dans *La Zizanie*, de Claude Zidi. Montgomery Clift et Elizabeth Taylor dans *Une place au soleil*, de George Stevens.

Ci-dessus, Buster Keaton dans *Sherlock Junior*, 1924. Ci-dessous, Marlène Dietrich dans *La Maison des sept péchés*, de Tay Garnett, 1940.

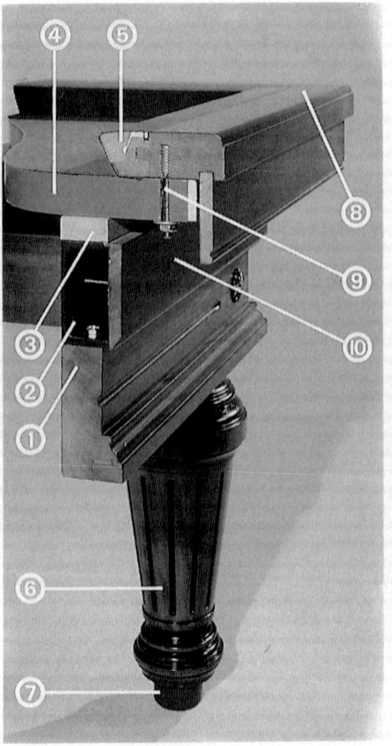

1 - Structure en bois massif.

2 - Châssis métallique.

3 - Semelle en bois tendre.

4 - Ardoise de 40 millimètres d'épaisseur.

5 - Bande quadrangulaire toilée.

6 - Pied Louis XVI en bois massif.

7 - Vérin stabilisateur de réglage.

8 - Cadre de bandes en bois massif.

9 - Vis de serrage.

10 - Ceinture en bois massif.

QUELQUES CHAMPIONS

Bomdalh Torbjörn (Suède). 5 fois champion de Suède aux trois-bandes. 3 fois champion d'Europe. Champion du monde 1987.

Ceulemans Raymond (Belgique). Tenant du record mondial aux trois-bandes. 21 fois champion du monde. 21 fois champion d'Europe. 21 fois champion de Belgique.

Connesson Francis (France). Champion du monde en 81-82 en battant 3 records mondiaux.

Davis Steve (Grande-Bretagne). Le numéro un mondial de snooker.

Dielis Ludo (Belgique). 9 fois champion du monde. 12 fois champion d'Europe. 15 fois champion de Belgique.

Gilbert Allen (Etats-Unis). 5 fois vice-champion des USA.

Kobayashi Nobuaki (Japon). 9 fois champion du Japon. 11 fois 2e au championnat du monde. 2 fois champion du monde par équipe.

Komori Junichi (Japon). 4 fois champion du Japon. 2 fois champion du monde par équipe.

Lieberkind Karsten (Danemark). 14 fois champion du Danemark 1985. Vainqueur de la Dan-Cup. 4e au championnat d'Europe une bande. 2e au Grand Prix Iwan Simonis à Spa.

Marty Jean (France). Il a remporté 4 titres de champion du monde et 7 titres de champion d'Europe. Champion de France trois-bandes 1987/88.

Muller Dieter (Allemagne). 6 fois champion d'Allemagne.

Van Bracht Rini (Pays-Bas). 7 fois champion des Pays-Bas. 1 fois champion d'Europe 1984. 1 fois champion du monde 1982.

Zanetti Marco (Italie). 3 fois champion d'Italie. 4e au championnat d'Europe 1986. 4e au championnat du monde 1986.

(Source : *Dicosport 91*, E.P.A.)

BIBLIOGRAPHIE

Ouvrages donnant les règles

- *Académie universelle des jeux,* 1665, Paris. Etienne Loyson (rééditions en 1674, 1696, 1718, 1738, 1753).
- Beaufort, James, *Hoyle's games.* Londres, 1788.
- *Le Billard,* anonyme. Paris, 1830.

Traités sur la technique

- Broadfoot, *Billiards.* Londres, 1896.
- Conti, Roger, *Le Billard, cet inconnu.* Paris, 1957.
- Cook, *Billiards.* Londres, 1884.
- Hoppe, Willie, *Le Billard.* Paris, Denoël, 1941.
- Horemans, *Le Billard.* Bruxelles, 1944.
- Nahon, J.-P., *Le Billard,* Paris. 1977.
- Richard, *Académie des jeux.* Paris, 1848.
- Vignaux, Maurice, *Le Billard,* v. 1900.

Ouvrages historiques sur les jeux en général

- Alleau, R., *Dictionnaire des jeux.* Paris, 1977.
- D'Allemagne, H.-R., *Sports et jeux d'adresse.* Hachette, v. 1900.
- Caillois, Roger, *Les Jeux et les hommes.* Gallimard, 1958.
- Carré, H., *Divertissements des rois de France.* Paris, Gallimard, 1937.
- Jusserand, J.-J, *Les sports et les jeux d'exercice dans l'ancienne France.* Paris, 1901.
- Marquiset, A., *Jeux et joueurs d'autrefois.* Paris, 1929.
- Mehl, Jean-Michel, *Les Jeux au royaume de France,* Fayard, 1990.
- Trémaud, H., *Jeux de force et d'adresse,* guide ethnologique du Musée des A.T.P. Paris, 1972.
- Vaultier, R., *Le Folklore en France au temps de la guerre de Cent Ans d'après les lettres de rémission du trésor des chartes.* Paris 1965.

Ouvrages historiques sur le jeu du billard

- *Le Billard,* anonyme. Paris, 1846.
- Du Marès, Diélis et Corin, *Le Billard.* Bruxelles, 1974.
- Frayssinet, vicomte de, *Commentaires sur le billard moderne.* Paris, 1903.
- Lablée, Richard, *Le Billard.* Paris, Hatier, 1992.
- Suard, Georges, *La Billardomancie.* Paris, 1906.
- Troffaes, Georges, *Le Billard et l'histoire.* Paris, 1974.
- Lalanne, A., *Le Billard.* Paris, 1866.

TABLE DES ILLUSTRATIONS

COUVERTURE

OUVERTURE

CHAPITRE I

CHAPITRE II

CHAPITRE III

CHAPITRE IV

CHAPITRE V

CHAPITRE VI

TEMOIGNAGES ET DOCUMENTS

INDEX

CRÉDITS PHOTOGRAPHIQUES

Angel-Sirot, Paris 109d. Artephot, Paris 92, 93h, 94h, 95 (Held); 93b (Bridgeman). Bettmann Archive, New-York 88, 97, 105m, 120-121h, 129. Bibliothèque nationale, Paris Dos de couv., 16, 18-19h, 22-23, 29b, 31m, 36, 38, 39, 40b, 40-41, 43, 44, 44-45, 45, 52, 56, 58-59b, 60-61, 74, 77, 81b, 119, 122, 123, 126. Bridgeman, Londres 50, 59. British Library, Londres 114. Brown Brothers, Sterling, Pennsylvanie 1, 96-97, 98-99b, 104, 105b, 141. Jean-Loup Charmet, Paris 42, 71b, 78h, 80-81. Christophe L, Paris 147h, 147b, 149b, 150bg, 150bd. Ciné-Plus 146bg, 149hg. Cinémathèque française, Paris 102b. Cuvier, Jean-Pierre 136-137. Dagli-Orti, Paris 11, 14h, 37, 57, 72-73, 79, 121bg. DR 70-71, 121bd, 135, 139. coll. Daniel Bouteiller 146hd, 148g, 148d, 149hd, 151h, 151b. Edimédia, Paris 27. Alain Ernoult Features, Paris, 1er plat de couv. E.T. Archive, Londres 48b, 82-83. Explorer, Paris 4e plat de couv. Gallimard 46, 48h, 52-53, 54-55h, 63, 64, 70, 76-77h, 79h, 84-85, 85h, 90h, 91, 98-99h, 98, 99, 100, 101, 102h, 103g, 103d, 108, 118, 132. Giraudon, Paris 12, 13, 14b, 17, 18b, 19m, 21, 30, 32-33h, 34b, 62, 65, 94b. Institut national de la recherche pédagogique, Paris 47. Josse, Paris 48-49. Kharbine/Tapabor, Paris 89. coll. Serge Laget, Paris 86h, 86m, 86b, 87h, 87m, 87b. Magnum, Paris 6-7 (Kalvar); 8-9 (Zachmann). Mansell collection, Londres 66-67, 68-69, 82. Studio Marjolaine, Roussillon 26, 28h, 116. Mary Evans, Londres 51, 76b, 78b. Musée des beaux-arts et d'archéologie, Rennes/L. Deschamps 34-35h. Musée de Saint-Lô 24-25. Presse-Sports, Issy-les-Moulineaux 144. Rapho, Paris 112 (Bajande); 4-5 (R. Doisneau). Réunion des musées nationaux, Paris 54, 58h, 75h, 75b. Roger-Viollet, Paris 2-3, 14-15, 31h, 33d, 54-55b, 100-101, 113, 120b, 138. Sports Agence Magazines/Travers 108-109h, 110, 110-111.

COLLABORATEURS EXTÉRIEURS

Maud Fischer-Osostowicz a participé à l'iconographie. Maquette : Vincent Lever. Prises de vue au musée Carnavalet, à la Bibliothèque historique de la Ville de Paris et chez Hénin Aîné : Patrick Horvais. Filmographie : Philippe Nédellec.

REMERCIEMENTS

L'éditeur remercie les établissements Hénin Aîné; Mme Morlet à la Bibliothèque historique de la Ville de Paris; Mr. Raoul de Monts de Savasse; les établissements Thierry Pierre; Nelly Kuntzmann de l'Institut national de la recherche pédagogique; Roland Bossard, documentaliste au château de Versailles; Jean-Pierre Cuvier; Philippe Niorthe.

Table des matières